放飞孩子的心灵

班级管理策略

周胜华 孙国芹 / 著

世界图书出版公司
WORLD PUBLISHING CORPORATION

图书在版编目（CIP）数据

放飞孩子的心灵：班级管理策略 / 周胜华，孙国芹
著 . -- 北京：世界图书出版公司，2019.6
ISBN 978-7-5192-6339-3

Ⅰ . ①放… Ⅱ . ①周… ②孙… Ⅲ . ①中小学—班级
—学校管理 Ⅳ . ① G632.421

中国版本图书馆 CIP 数据核字（2019）第 111137 号

书　　　名	放飞孩子的心灵：班级管理策略	
（汉语拼音）	FANGFEI HAIZI DE XINLING : BANJI GUANLI CELUE	
著　　　者	周胜华　孙国芹	
总　策　划	吴　迪	
责 任 编 辑	冯晓红　沈　佳	
装 帧 设 计	刘　岩	
出 版 发 行	世界图书出版公司长春有限公司	
地　　　址	吉林省长春市春城大街 789 号	
邮　　　编	130062	
电　　　话	0431-86805551（发行）　0431-86805562（编辑）	
网　　　址	http：//www.wpcdb.com.cn	
邮　　　箱	DBSJ@163.com	
经　　　销	各地新华书店	
印　　　刷	三河市燕春印务有限公司	
开　　　本	787 mm×1092 mm　1/16	
印　　　张	9.5	
字　　　数	171 千字	
印　　　数	3 001—5 000	
版　　　次	2019 年 6 月第 1 版　2020 年 5 月第 2 次印刷	
国 际 书 号	ISBN 978-7-5192-6339-3	
定　　　价	45.00 元	

前言

FOREWORD

常言道："环境造就人。"成功往往是"机会+能力+努力"的结果。而一个人的能力和环境密不可分，学校和家庭是孩子成长的两个重要环境。优秀的班集体对学生有着潜移默化的影响，对学生的成长有着举足轻重的作用。优秀的班集体可以使学生形成健康的心理和优秀的个性、品质。

班主任是孩子的精神导师。班主任除了是班级的教育者、管理者之外，还是孩子道德行为的示范者。班主任的为人处世是孩子的一面镜子，其优雅的言谈举止、高尚的人格、优秀的示范都会感染并影响孩子。因此，班主任的态度决定孩子的思想高度。

班级管理是一门高深的艺术。因为管理的对象是一群生理、心理都在不断变化的孩子。孩子的可变性、复杂性、不确定性使班级管理充满各种挑战，需要班主任运用教育智慧创造性地应对各种可能发生的事情。因此，班主任要善于引导学生。

孙子膑在《孙子兵法》中说："攻城为下，攻心为上。"这是兵法的核心思想，也是教育工作的核心思想。教育工作，只可智取，不能硬攻。攻心，要能控制自己的内心，要提高自己的修养，使自己的心胸像天空一样开阔；攻心，还要了解孩子心理——知己知彼，百战不殆。

你想改变这个世界，首先要改变自己。面对复杂的教育问题，班主任要不断加强学习，提升班级管理水平，从改变自己开始。

在一个星期六的早晨，一位牧师打算在很困难的条件下，准备他的讲道。那天在下雨，他的妻子出去买东西。他的小儿子吵闹不休，令人讨厌。

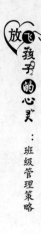

最后，这位牧师在失望中拾起一本旧杂志，不停地翻阅，直到翻到一幅色彩鲜艳的世界地图。他就从那本杂志上撕下这一页，再把它撕成碎片，丢在起坐间的地上，对儿子说道："小约翰，如果你能拼拢这些碎片，我就给你2角5分钱。"

牧师以为这件事会使小约翰花费一上午的时间。但是没到10分钟，就有人敲他的房门，正是他的儿子。牧师惊愕地看到约翰如此之快地拼好了一幅世界地图。

"孩子，你怎样把这件事做得这样快？"牧师问道。

小约翰说："这很容易。在地图的背面有一个人的照片，我就把这个人的照片拼到一起，然后把它翻过来。我想如果这个人是正确的，那么，这个世界地图就是正确的。"

牧师微笑地给了他的儿子2角5分钱。"你也替我准备好了明天的讲道，"他说，"如果一个人是正确的，他的世界也会是正确的。"

这个故事给我的感悟是：如果你想改变这个世界，首先就应该改变你自己。如果你是正确的，你的世界也会是正确的。

由此可见，班主任开展工作时要善学、善思，要善于发现问题和创造性地解决问题。班级管理策略是管好一个班级、让孩子健康快乐成长的制胜法宝。结合我多年的班级管理经验，本书从班级团队建设、孩子心理辅导、孩子学法指导、家长心灵解惑等方面进行策略介绍，希望能对班主任开展工作有所启发。

目 录

CONTENTS

第一章
创建和谐的班集体

第二章
做孩子心灵的保护者

第三章
助力孩子巧妙学习

第四章
做家长的解惑人

第一章
创建和谐的班集体

1

打造有战斗力的团队

俗话说："一个和尚挑水喝，两个和尚抬水喝，三个和尚没水喝。""一只蚂蚁来搬米，搬来搬去搬不起；两只蚂蚁来搬米，身体晃来又晃去；三只蚂蚁来搬米，轻轻抬着进洞里。"上面这两种说法有截然不同。"三个和尚"是一个团体，他们没水喝的原因是互相推诿、不讲协作。"三只蚂蚁来搬米"之所以能"轻轻抬着进洞里"是因为团结协作。有首歌唱得好——"团结就是力量"，而且团队合作的力量是无穷尽的，一个团队一旦被开发，将创造出无数奇迹。

有时候，成功并不是靠一个人的努力就可以完成的，而是需要团队的智慧与努力，团结就是力量。下面两个小故事完全可以说明问题。

钓鱼的启示：

从前，有两个饥饿的人得到一个长者的恩赐——一根鱼竿和一篓鲜活、硕大的鱼。其中一个人要了鱼竿，另一个人要了一篓鱼，他们得到各自想要的东西后，分道扬镳。

得到一篓鱼的人没几天就把一篓鱼吃完了，结果饿死在了空空的鱼篓边。而得到鱼竿的人则向海边走去，因为他知道海里有鱼，当他看到湛蓝的海洋，用尽力气向海边跑去，结果他累死在了海边。

有两个同样饥饿的人，他们也得到了同样的一根鱼竿和一篓鲜活、硕大的鱼。然而不同的是，他们没有分开。而是一起每餐煮一条鱼，然后向遥远的海边走去。在海边，他们过着以捕鱼为生的日子。过了几年，他们盖上了自己的房子，后来又各自娶了妻子，生了小孩，过着幸福美满的生活。

两组人物有着两种截然不同的命运，这是因为前者缺少合作精神，后者是通过合作相互帮助而活了下来，并拥有美好的生活。

大雁的启示：

每年的九月至十一月，加拿大境内的大雁都要成群结队地往南飞行，到美国东海岸过冬。第二年的春天再飞回原地繁殖。在长达万里的航程中，它们要遭遇猎人的枪口，历经狂风暴雨、电闪雷鸣及寒流与缺水的威胁，但每一年它们都能成功往返。这是为什么呢？

原因是雁群一字排开成"V"字形飞行，这比孤雁单飞提升了71%的飞行能量。当前方的雁振翅高飞时，也为后面的队友提供了"向上之风"，这种省力的飞行模式，让每只雁都能最大限度地节省能量。当前方的雁疲倦时，它会退到队伍的后方，而另一只雁则飞到它的位置上来填补。

其实，艰难的任务需要团队成员之间相互尊重、共享资源，发挥每个成员的潜力。当某只雁生病或受伤时，会有其他两只雁飞出队伍跟在它后面，协助并保护它，直到它康复，然后它们自己组成"V"字形，再开始飞行追赶团队。

如果团队如雁一般向着共同的目标前进，相互依存，发挥团队中每个成员的力量，善用前面伙伴提供的"向上之风"我们就会成功到达目的地。

其实，如果我们如雁一般，无论在顺境还是困境时都能彼此维护，互相依靠，再艰辛的路程也不惧怕。在队伍中的每一只雁都会发出"响亮"的叫声，目的是鼓励领头的雁勇往直前。其实，生命的奖赏是终点，而非起点。虽然在旅程中你可能会遭遇坎坷，但只要团队的成员相互鼓励，坚定信念，就一定能够成功。

以上两个故事充分说明了团队的作用。那班主任要如何进行团队建设呢？

首先，要确立班集体的奋斗目标

班集体的共同目标是班集体前进的动力，班集体如果没有共同追求的目标，就会失去前进的动力。所以，一个良好的班集体应该有一个集体共同追求的目标，这个目标应是远期、中期、近期目标的结合，实现目标的过程中

会产生递进激励效应，形成强大的班级凝聚力。作为班级组织者的班主任应结合本班孩子的思想、学习与生活实际制订出符合本班的奋斗目标。在实现班集体奋斗目标的过程中要充分发挥每个成员的积极性，使实现目标的过程成为教育孩子与自我教育的过程，每一个集体目标的实现都是全体成员共同努力的结果，要让他们分享集体的欢乐和幸福，从而形成集体的荣誉感和责任感。

我曾接任过一个比较混乱的班级。班内孩子上课不听、下课打闹、作业不交、卫生不做，完全是一盘散沙，没有凝聚力。查找原因，大都是"破罐破摔"，没有学习目标，对自己缺乏信心。针对这种情况，我从确定目标着手，先确定班级目标，再确定个人目标。我对他们说："我要按重点班的要求来对待你们。"每次发现他们身上的闪光点时，我都会及时表扬、鼓励他们。到了初三的时候，不仅实现了"班级中没有不学习的孩子"这一目标，而且在中考中普通高中升学率超过了60%，且有好几个孩子考取了四大名校。

其次，要培养正确的舆论和良好的班风

一个良好的班集体是用正确的舆论和良好的班风去影响、塑造每个孩子的心理，规范每个孩子的行为。正确的舆论是一种巨大的教育力量，对班级每个成员都有约束、感染、熏陶、激励的作用。在班级管理的过程中，舆论具有行政命令和规章制度所不可代替的作用。因此，班内要注意培养正确的集体舆论导向，善于引导孩子对班级生活中的一些现象进行议论、评价，形成"好人好事有人夸，不良现象有人抓"的良好风气。要倡导"勿以善小而不为，勿以恶小而为之"的理念，要让学生明白"千里之行，始于足下；千里之堤，溃于蚁穴""一屋不扫，何以扫天下"的道理。

再次，要实行民主化、细致化的班级管理

有句话说得好："抓在细微处，落在实效中。"只有细致入微，才能使班级管理见成效，而在细致管理的基础上还应民主。班主任要有意识地让学生参与管理，创设各种表现机会，充分调动每个孩子的积极性，形成民主管理气氛，使孩子自我表现的心理需求得到满足，民主意识得到培养，管理能力得到锻炼，像魏书生的"分级管理制"就是非常好的例证。一级管理：六名班委，负责全班各大项工作的监督总结。二级管理：大组长和小组长，分别管理各组的学习和卫生。三级管理：科代表，负责各学科的学习情况，及时辅助任课教师的工作。四级管理：职责长，负责班内各项小范围工作，如"灯长""盒长""桌长""门长""窗长"等，把班内大小而琐碎的工作分配到个人，使每个孩子都做班内小主人，充分发挥每个孩子的智慧。

最后，要发挥班委会和骨干人员的核心力量

一个良好的班集体，必须有一批团结在班主任周围的积极分子，组成班集体的核心，有了这个核心，才能带动全班同学去努力实现集体目标。

作为起始年级或新接任的班主任，首先要做的事情是选拔班干部。对于孩子来说，他们心中有一种期盼，希望得到新班主任的信任或重视，能够在班集体中扮演一定的角色，能够在其能力范围内完成某些任务，从而凸显其个人价值。所以，班主任在选拔班干部的时候，不能简单随意地安排，要做到认真分析，全盘考虑，既要考虑班级管理目标的需要，也要考虑孩子的能力特征、性格特征、心理特征和心理感受。切不可简单粗暴地对待孩子的工作热情，更不能对其打击否定。例如，如果两个孩子同时竞选班长，班主任要对两个孩子进行仔细的甄别，要对他们的能力进行考察，除了对能力较强的孩子进行肯定以外，还要考虑如何照顾落选孩子的心理感受等问题。班主任可以安排合适的任务或设置合适的情境，让他们自我体验，公平竞争，发现并接受自己的不足。班主任还可以引导落选孩子找到更合适的岗位。

总之，团队精神对任何一个组织来讲都是不可缺少的。否则就如同一盘散沙，一根筷子容易弯，十根筷子折不断……这就是团队精神重要性的直观表现。小溪只能泛起细碎的浪花，百川纳海才能激发惊涛骇浪。个人与团队的关系就如小溪与大海的关系一般，只有将每个孩子融入班集体，才能充分发挥他们的作用。

给班级取一个闪亮的名字

有 这样一个故事：

一个人在高山之巅的鹰巢里抓到一只幼鹰，他把幼鹰带回家，并养在鸡笼里。这只幼鹰和鸡一起啄食、嬉闹和休息，它认为自己是一只鸡。

这只鹰渐渐长大，羽翼丰满了，主人想把它训练成猎鹰，可是由于终日和鸡混在一起，它已经变得和鸡一样，根本没有飞的愿望了。

主人试了各种办法，都毫无效果，最后把它带到山顶上，一把将它扔了出去。这只鹰像块石头似的，垂直掉下去，慌乱之中，它拼命地扑打翅膀，就这样，它终于飞了起来！

这个故事给我们的启示是：相信自己是一只"雄鹰"很重要。

一个班级是由具有不同个性特点的孩子组成的，大家要在一起朝夕相处几年时间。但是一个班级总有分开的一天，如何做到水过留痕，就算以后分开了，这个班集体在孩子心中也会留下不可磨灭的印记呢？

这就要求班主任要打造班级文化，帮助孩子融入班集体，增强班集体的凝聚力，让每个孩子相信自己是班集体中的一只雄鹰。

给班级取一个闪亮的名字是一个很有效的方法。因为取一个闪亮的班名就赋予班级以奋斗目标，也就赋予每个成员不同的角色，以及他们需要承担的责任和义务。

　　有一个有趣的现象，每年初一新生都要参加军训，不论是守纪律的还是不守纪律的孩子，只要到了训练场，一个个都变成精神抖擞、斗志昂扬、规规矩矩的战士。除了特殊的环境和训练员（教官）对学生产生极大的震撼力以外，还有一个不容忽视的原因，那就是团队意识的强化。教官给每个班级（连队）取一个响亮的名字。例如，"钢铁一连""热血二连""英模三连""雷霆四连"等。这些闪亮的名字背后代表了团队的角色、责任和义务，大家为了维护团队的荣誉，会全力以赴地贡献自己的力量。闪亮的名字也代表团队的目标，而且是终极目标。为了实现共同的目标，团队自然会产生凝聚力和向心力，团队成员的行为自然会得到约束。

　　团队意识最强烈的组织当属企业，企业追求自身的持续成长。绩效要想持续提高，就必须推动组织的持续成长。只有让企业推动各级工作团队创建"高绩效团队"，组织才能持续成长，企业才能持续取得高绩效。"高绩效团队"是个人、团队和组织平衡发展的焦点。团队意识表现为企业的集体力，即1+1＞2的结合力，或叫"系统效应"。团队意识还表现为企业全体成员的向心力、凝聚力，心往一处想，劲往一处使，把自己看成企业的一部分，以作为企业的一员而自豪，并以此为自己生活、价值的依托和归宿。不仅如此，管理者还经常给团队赋予特殊的名称，以此来加强员工的团队意识，激励员工发挥潜能。

　　在班级管理中，以上经验是可以借鉴的。我曾经给我的班级取名为"志远班"，其用意就是让我班的孩子志存高远，无论是平时的思想表现还是行为表现都要做到高要求和高标准。当孩子听到这个名字的时候，他们会觉得自己与其他班的孩子不一样，好像有了更高的使命。后来，在每一次的大型活动中，孩子们总会围绕"志远"这个主题去思考、设计。"我是志远班的"这句话也常挂在他们嘴边。不仅如此，这种理念也蔓延到家长圈。只要班级取得什么好成绩，家长们都会自豪地说："志远班的孩子就是不一样！"这样进一步强化了这个团队的特殊性。在孩子潜意识中增添了一份荣耀，且为了维护这份荣耀而努力贡献自己的力量。正因为这样，这个班的孩子每次参与学校的活动都是自发组织，还想出了很多好点子，并且每次都会取得很好的名次。他们的学习氛围也由弱到强，在中考中，他们考出了意想不到的好成绩。

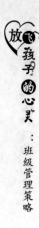

　　给班级取一个闪亮的名字是引导孩子给自己一个定位。恰当的人生定位对个人的发展有促进作用，下面这个故事可以说明这一问题。

　　一个小商贩在地铁出口处卖铅笔。这时，一位富商走过来，向小商贩的破瓷碗里投入几枚硬币，便匆匆离去。过了一会儿，富商回来取铅笔，对小商贩说："对不起，我忘了拿铅笔，我们都是商人。"几年后，这位富商参加一次高级酒会，一位衣冠楚楚的先生向他敬酒致谢并告知说，他就是当初卖铅笔的小商贩。他生活的改变，得益于富商的那句话："我们都是商人。"设想，如果小商贩一直没能遇到这样一个人，自己一直未能觉醒，一直就甘心做一个小商贩，也许，他的人生就少了一份成功。因此，自己给自己的定位很重要。你认为自己只能做小商贩，那你就只能做小商贩；你认为自己可以成为富商，那你就会往这个方向去努力，才会具备这种可能，才能让自己的人生成就不一样的精彩。

唐僧团队的启发

唐僧团队是指《西游记》中的唐僧团队，这个团队最大的优点就是互补，领导有权威、有目标、有毅力。这个团队虽然历经九九八十一难，但最终修成了正果。马云就非常欣赏唐僧团队，认为一个理想的团队就应该有四种人：德者、能者、智者、劳者。德者领导团队，能者攻克难关，智者出谋划策，劳者执行有力。

德者居上。唐僧是一个目标坚定、品德高尚的人，他受唐王之命，去西天求取真经，唐僧团队以普度众生、传播善缘为目标。要说降妖伏魔，他没有这个本事，但为什么他能够担任西天取经团队的领导呢？关键在于唐僧有三大领导素质：目标明确、以权制人、以情感人。作为一个团队的领导，能够为团队设定前进的目标，描绘未来美好的生活图景是必要的能力。

班主任如果不会设定目标，就肯定是个糟糕的班主任。唐僧从一开始，就为这个团队设定了西天取经的目标，而且历经磨难，从不动摇。班主任本身就是班级文化的制定者和传播者，班主任要坚定不移地遵守班级文化、以身作则，才能更好地实现班级的目标。

如果唐僧没有紧箍咒，估计不会降服孙悟空，更不要说让他护送自己去取经了。这就说明团队领导必须要有领导权威，要有领导团队的致胜法宝。

这对班主任很有借鉴意义，也是作为班主任的必备技能。班主任一定要

树立自己的权威，因为没有权威，也就无法管理班级。班主任树立权威的办法除了以身作则以外，还要制定切实可行的班规，班规就是管理孩子的"紧箍咒"。如果班主任没有制定好符合班级实际情况的班规，班主任是无法约束孩子的，尤其是那些顽皮的孩子。班规的制定要做到赏罚分明、具体明确、针对性强、可操作性强，无法落实的班规形同虚设，不但起不到正面作用，反而会起到负面作用，班规如果有一次不能落实，孩子就会有恃无恐，变本加厉。

唐僧从来不滥用自己的权力，只有在大是大非面前，才动用自己的惩罚权。作为班主任也是如此，不要滥用惩罚权，奖励胜于惩罚，这是班级管理的基本原理。

最初，孙悟空并不尊重唐僧，总觉得这个师父是肉眼凡胎、不识好歹，但是在历经艰险后，唐僧的执着、善良和对孙悟空的关心感化了他，让他死心塌地保护唐僧。

作为一位班主任，情感管理也是非常重要的，尤其在中国文化的大背景下。一般而言，中国人的思维往往是先做朋友，先认可人，再认可事，对事情判断的主观性比较大。所以，在塑造团队精神的时候，班主任一定要学会情感投资，要多与孩子交流、沟通，关心孩子的生活点滴，塑造一种爱的氛围。

总而言之，作为班主任，管理班级要攻心为上，情感至上，多做孩子的知心朋友。要学会大事讲原则，小事讲风格，多使用情感激励。这样可以大大提升班级管理的效率。下面这个故事可以说明这一问题。

拿破仑非常善于运用情感激励士兵士气。在与意大利的一次战役中，拿破仑夜间巡岗查哨，发现一名哨兵倚着树根睡着了。他不但没有喊醒哨兵，还拿起枪替他站岗约半小时。当哨兵从沉睡中醒来，认出了正在替他放哨的司令，十分惶恐和绝望，跪在他面前。

拿破仑却和蔼地说："朋友，这是你的枪。你们艰苦作战，又走了那么长的路，打瞌睡是可以谅解的，但是目前，一时的疏忽都可能断送全军的性命。我正好不困，就替你站了一会儿，下次可要小心。"

众所周知，哨兵在岗位上睡觉要以军纪处分，但拿破仑考虑到士兵因g长途跋涉、疲惫不堪而偶尔失职，并没有惩罚哨兵，而是从感情出发，对哨兵表示理解，这就使哨兵从内心拥护他、爱戴他，不折不扣地执行他的命令。

创建驱动型班级文化

在一个班级中，孩子的思想品德、智力、性格等方面发展不平衡，因而会出现"优秀生""中等生""后进生"三个不同的群体。要使每一个孩子都能在各自的起点上有所提高，班主任就必须抓好个别教育和集体教育。个别教育和集体教育是相辅相成的。个别教育包括"优秀生"的培养工作，也包括做"后进生"的转化工作。

其中，做好"后进生"的思想转化工作是班主任工作中的一个非常重要的环节。"后进生"和"优秀生"是相比较而言的。"后进生"是指在学习方面暂时落后的学生。他们在一个班里为数不多，但因经常犯错或学习落后等原因给班主任工作带来不少麻烦。尤其是习惯不好、学习很差的学生。因此，班主任要特别注意了解他们的特点，以及分析产生问题的原因，采取有效措施，做好"后进生"的思想转化工作。

"后进生"的转化凭简单地说教是效果甚微的。转化"后进生"的一个重要策略是创建驱动型班级文化。要让"后进生"在其他同学的感召下获取自我转变的驱动力。在班级文化氛围的感染下发生潜移默化的变化。那么，如何创建驱动型班级文化呢？

根据驱动力理论的原理，驱动力是指个体由生理需要所引起的一种紧张状态，它能激发或驱动个体以满足需要、消除紧张，从而恢复机体的平衡状

态。个体要生存就需要产生驱力。驱力是一种动机结构，它供给机体的力量或能量满足了需要，进而减少驱力。人类的行为主要是由习惯来支配的，而不是由生物驱力支配的。驱力为行为提供能量，而习惯决定着行为的方向。有些驱力来自内部刺激，不需要通过学习得到，称为原始驱力；有些驱力来自外部刺激，是通过学习得到的，称为获得性驱力。所以，转变"后进生"就要增强其产生驱力的外部刺激。

首先，要重视对孩子职业生涯规划的教育

职业生涯规划是指个人与组织相结合，在对一个人职业生涯的主客观条件进行测定、分析、总结的基础上，对自己的兴趣、爱好、能力、特点进行综合分析与权衡，根据自己的职业倾向，结合时代特点确定最佳的职业奋斗目标，并为实现这一目标做出行之有效的安排。职业生涯设计的目的不仅是帮助个人按照自己的资历条件找到一份合适的工作，从而实现个人目标，更重要的是帮助个人真正了解自己，为自己筹划未来，拟定未来的发展方向，根据主客观条件设计出合理可行的职业生涯发展方向。

孩子有了职业生涯规划，就会产生内在的需要，在需要的基础上产生驱力，促使其行为得到改变。职业生涯规划可以让孩子发掘潜能，增强个人实力；可以引导孩子正确认识自身的特质、现有与潜在的资源优势；可以引导孩子对自己的综合优势与劣势进行对比分析；可以树立明确的职业发展目标与职业理想；可以引导孩子评估个人目标与现实之间的差距；可以引导孩子前瞻与实际相结合的职业定位，搜索或发现新的或有潜力的职业；职业生涯规划可以增强孩子发展的目的性与计划性。好的计划是成功的开始，古语讲的"预则立，不预则废"就是这个道理。职业生涯规划可以提升其应对竞争的能力。当今社会处在变革的时代，到处充满着激烈的竞争。正所谓"物竞天择，适者生存"。要想在激烈的竞争中脱颖而出并立于不败之地，必须设计好自己的职业生涯规划。

其次，要重视激励宣传教育

要在班级中发挥"优秀生"与"后进生"之间的驱动作用，要让"优秀生"的经验驱动"后进生"，并产生积极的影响。

在一个班级中，总会有一些孩子通过自身的努力，在学业上有了质的飞跃，有些孩子经过自己的反思，使得其思想行为有了质的转变。班主任可以

借助这些孩子的力量，赋予他们一定的角色，如导师，给予明确的任务。既可以让他们在全班同学面前介绍自己的亲身体会、成功经验，也可以与未成功的孩子之间结对，建立导师和学员的关系，激励"后进生"向积极的方向发展。尤其是同学之间的交流不存在障碍，亲近感较强，胜过老师直接说教。

我的班上曾经有一个女孩，由于母亲的溺爱，到了初二还不能自己洗头发、洗澡，一切都需要母亲帮她。生活上的任性延伸到了学习上，在家的任性延伸到了学校，作业想做就做，学校想来就来，还会赖床不起，妈妈拿她一点儿办法都没有，老师说也没用。班上的另一个女孩则与她截然相反，做事认真，不仅在学习上非常认真，成绩优秀，而且在班务工作上也表现得非常积极。平时她俩的关系不错，因此，我向这个优秀的女孩布置了一项特殊的任务，每天放学后去这个任性的女孩家里跟她聊天，既聊生活也聊学习。这样持续了一个星期，情况发生了变化，这个任性的女孩每天能按时上学了。

匿名戒毒会也是一个典型的成功案例。匿名戒毒会是世界上最大的康复团体——匿名戒毒者互诚协会（以下简称NA小组），它于20世纪50年代在美国创立，作为一个人人同舟共济的团体，它的主要活动形式是组织吸毒成瘾者定时、定点地开展聚会，所有成员通过相互交流经验、自我展示、反省自身的吸毒经历，获得彼此间的心理支持、鼓励，共同携起手来，解决他们存在的药物滥用问题，并帮助更多的人从毒品中解脱出来。NA小组康复程序的核心是按照"十二步戒毒法"开展活动，这些活动包括承认问题的存在、产生求助的要求和愿望、给予自己公正且客观的评价、自我开放、对已经给他人造成的伤害给予补救、帮助其他吸毒者等，目的是通过助人达到自助。该协会没有领导人，也没有任何组织架构。然而，在过去的60多年里，数百万的酗酒者和吸毒者在其社区内实现了长期戒酒和戒毒的目标。其成功的原因有两点：第一，该协会以价值为基础。希望在任何时间内成功戒酒和戒毒的人都能以康复价值观为生活指导。第二，成功项目的实施者向新成员教授项目的原则和价值观，展示成功的方法。这样，成功者和新成员之间就建立了导师和学员的关系，导师和学员都在这种关系中得到奖励和强化。这是成功者驱动未成功者走向成功的典型案例。

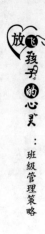

再次，在班级中要提倡"做什么，我决定"的思想

通过这样的倡导，可以增强孩子的主观能动性，激励"后进生"改变的需要，并可以增强孩子自我管理的意识。班主任要有民主意识，任何事情都要提倡让孩子自己思考、自己决定，增强孩子"我的学习我做主""我的事情自己做"的意识。

为什么有些人放弃了收入不错的职位，反而接受一份收入低，但使命感强的工作？这源于人的内在需要。孩子天生就是自主的个体，而不是机器人。所以，发挥"后进生"的主观能动性，对促进其向积极方向发展起着非常重要的作用。

最后，要鼓励学生"把想做的事情越做越好"

班主任要提倡"没有最好，只有更好"的理念。要激励学生追求卓越，超越自我。让卓越的孩子或获得成功的孩子感染其他的孩子，以促使其他的孩子进行自我完善，敢于向优秀的孩子挑战。孩子在挑战与被挑战的学习过程中，自我内在驱动得到加强。与此同时，为了加强孩子挑战的信心，要提倡"成员之间的情感激励"。要在同学之间建立互帮互助的合作型、互助型学习小组，要让"后进生"感受到集体的关爱，从而获取向积极方向发展的驱动力。

学会放手是一种智慧

有这样一个小故事：

一天早上，妈妈正在厨房清洗碗碟。她四岁的孩子在沙发上玩耍。不久之后，妈妈听到孩子的啼哭声。发生什么事呢？妈妈还没有将手擦干，就冲去客厅看孩子。

孩子坐在沙发上，但是，他的手却插进了茶几上的花樽里。妈妈认为花樽是上窄下阔的，他的手能伸进去，但抽不出来。所以，妈妈用了各种办法，想把孩子的手拿出来，但都没有成功。妈妈很焦急，她稍微用力一点儿，孩子就叫苦连天。在无计可施的情况下，妈妈想了一个下策，就是把花樽打碎。可是她有些犹豫，因为这个花樽不是普通的花樽，而是一件价值连城的古董。不过，为了孩子的手，这是唯一的办法。结果，她忍痛将花樽打碎。虽然损失惨重，但只要孩子能平平安安，妈妈也就不计较这些了。妈妈抓着孩子的手，反复看有没有受伤。虽然孩子完全没有任何皮外伤，但他的拳头仍是紧握着，好像无法张开。是不是抽筋呢？妈妈再次惊慌失措起来。其实，孩子的手不是抽筋，而是因为他紧握着一枚一元硬币。他是为了拾这枚硬币才令手卡在花樽的口内。原来，孩子的手抽不出来，不是因为花樽口太窄，而是因为他紧握这枚硬币且不肯放手所致。

这个故事告诉我们：一味的执着不可取。为了区区一元硬币，打碎了一

个古董花樽，孩子当时不会了解，也不会后悔，因为他不懂事。他不了解他执着那个硬币的代价那么大。他长大后，才会了解花樽的价值，才会明白自己昔日的执着代价是那么大。

很多年轻的班主任会感觉管理班级很累，整天忙碌，但班上的问题却很多。这种现象的产生除了孩子本身的因素以外，更多的是班主任的管理不得法，没有发挥孩子的潜能，总是把孩子置于管理的对立面，对大小事情都大包大揽，站在高处指挥孩子的行动。这样不但费力不讨好，还会让孩子产生逆反心理。很多事情，你越不让孩子做，孩子的好奇心理就越大，就越要去尝试。正所谓"握在手中的沙子，握得越紧，流失得越快"。如果给它空间，它反而会乖乖地待在你的手心里。

不要试图将对方变成另一个你。这样做很愚蠢，会伤害对方的自尊心，从而引起对方的反感和反抗心理。聪明的人，"三分流水二分尘"，不会把所有的事情探个一清二楚，就算你有一双火眼金睛，到头来不仅伤了眼睛，还会影响孩子的正常发展。只要把握住班级管理的大方向，不偏离正常的轨道，在正常的轨道上，让孩子独立思考、独立处理班务，才能发挥每个孩子的智慧。

真正有经验的班主任老师是不会把精力放在如何管理孩子上，而是会琢磨每个孩子有什么能力，如何让孩子的能力有发挥的舞台。所以，真正的"管"是为了"不管"。

老子认为："我无为，而民自化；我好静，而民自正；我无事，而民自富；我无欲，而民自朴。"这就是老子著名的"无为而治"的观点。"无为而治"并不是什么也不做，而是不要过多地进行干预，充分发挥孩子的创造力，做到让他们发现自我价值，从而为团队奉献出力量。

核心人物的培养

很多年轻的班主任经常抱怨自己选拔的班干部不得力，于是，班主任工作开展得不顺利，班级问题层出不穷，孩子问题不断，班主任一天到晚忙个不停。究其原因，是没有培养出核心人物，从而导致班级没有凝聚力。

班级的凝聚力表现在核心人物以及核心人物的执行能力两个方面上。

任何一个团队都需要核心人物，因为他们是团队的"标杆""排头兵""顶梁柱"，他们凡事都要走在前面，给其他成员做榜样和示范。班集体也是一样，需要核心人物，即班干部。但班干部不是自然产生的，而是需要老师去发现和培养的。作为班主任，选拔班干部是一件至关重要的事情。俗话说："千军易得，一将难求。"一个班级中，班干部的组织领导作用发挥得如何，直接影响一个班级的凝聚力和学习氛围。班干部是协助班主任进行班级管理的得力助手。

首先，班主任要搭建产生核心人物的平台

对于刚接手的新生，在老师不了解的情况下，如何让优秀孩子脱颖而出呢？公开竞选是一个很有效的办法。但竞选的形式要有讲究，不能随意，否则也很难发现人才。第一，班主任做宣传工作的时候要有组织性，语言要有鼓励性和说服性，要能激发孩子的竞选欲望，要让孩子对班干部有很神圣的认知，

为成为班干部而感到自豪，认为这是有能力的表现。第二，要让参与竞选的孩子充分自我介绍，一定要从曾经获得的荣誉、特长、工作优势等方面进行介绍。第三，要让参选的孩子得到充分展示。既要展示自己的特长，也要展示当选后的工作决心和方法。让大家充分了解参选的孩子的情况，从而避免评选工作的盲目性。在有目共睹的"实绩"面前，大家会心服口服，这些班干部走上岗位，说起话来才有号召力，班干部工作才会得以顺利开展。

其次，班主任要培养班干部发现和独立处理问题的能力

这种能力就是核心人物的执行力。有了核心人物，但核心人物如果不善于处理问题、做出决策。这样的班集体照样没有凝聚力。

有这样一个故事：

从前，有一只认真负责的黑猫，它每天都能捉10多只老鼠，让老鼠们吃尽了苦头。于是，老鼠们召开研讨会，共商对付黑猫的办法。有的建议加紧研制毒药，有的说干脆大家一齐扑上去把黑猫咬死。最后，老奸巨猾的鼠王提出一个与众不同的想法："老鼠杀猫是不可能的。如果不能杀死它，就应设法躲避它。咱们推选出一名勇士，偷偷地在猫的脖子上挂个铃铛。只要猫一动就会有响声，大家就可以事先躲起来。"老鼠们都认为这个想法很好。但怎样执行呢？高额奖金、颁发荣誉证书等办法被提出来，但讨论来讨论去，老鼠们也没有找到一个敢于执行这一决策的勇士。

这个故事反映的问题是：核心人物的决策不切实际，因此无法执行。

班干部的组织能力、领导才能除了先天素质以外，有些经验还要在多次活动中得到培养、提高和发挥。班主任既不是便衣警察，也不是护士和保姆，对于班级的日常管理也不可能做到事无巨细、面面俱到，所以，班主任要充分相信班干部的领导能力和组织才能，要敢于放手，为充分发挥班干部的组织作用和领导才能创造更广阔的空间。

马云说："任何团队的核心骨干都必须学会在没有鼓励、没有认可、没有帮助、没有理解、没有宽容、没有退路、只有压力的情况下，和团队一起获得胜利。要想成功只有一个办法，就是对结果负责。如果你靠别人的鼓励才能发光，你最多算个灯泡。我们必须成为发动机，去影响其他人发光，这样，我们自然就是核心！"

但班主任要交代好需要完成的任务、处理问题的原则。在有方向、有原则的前提下，让孩子独立处理班务。

最后，班主任要做班干部的坚强后盾和精神导师

班主任大胆将班务交给班干部管理，并不代表班主任"撒手不管"。由于受到年龄和经验的限制，班干部在工作时总会遇到一些棘手的问题，也常常会与同学产生不同的意见，甚至产生矛盾。这时，班主任要及时化解班干部与同学之间的矛盾，安抚班干部的心理情绪，消除或纠正他们的某些想法，让班干部轻装上阵、快乐工作。

管理与被管理之间本身就是一对难以调和的矛盾体，因此，班主任应该善于发现矛盾，并及时化解矛盾，让同学们多理解班干部，少些抵触情绪。更主要的是引导全班同学树立这样的观念：只有对同学进行严格要求，才是对同学的尊重，才是对同学最大的关怀与帮助。当然，前提是班干部首先要严格要求自己。

让孩子做班会的主角

有这样一个故事：

有两个人在一片荒漠上栽了胡杨树苗。树苗成活后，其中一个人每隔三天，就要挑水到荒漠中，给一棵棵树苗浇水。不管是烈日炎炎，还是飞沙走石，他都坚持不懈地浇水。而另一个人就悠闲多了。树苗刚栽下时，他浇过几次水，等到那些树苗成活后，他就很少来了。即使来了，也只是顺手扶一把被风吹倒的树苗，没事时就在树苗间背着手转悠，不浇一滴水，也不培一把土。人们都说："这个人栽下的树苗肯定成不了林，肯定赶不上勤劳的那个人栽下的那一片。"

过了两年，两片胡杨树都长得有茶杯口那么粗。有一夜，忽然狂风大作，飞沙走石，电闪雷鸣，狂风暴雨肆虐了一夜。第二天风停的时候，人们到那两片幼林里一看。令人惊讶的是辛勤浇水的那个人的树林变得一片狼藉，他的树几乎全被狂风刮倒。而那个不怎么给树浇水的人的林子，除了被风撕扯掉一些树叶和折断一些树枝外，几乎没有一棵树被风刮倒。

大家迷惑不解，纷纷向这个悠闲的人请教，那人说："奥妙自然是有的，他的树那么容易被风暴给毁了，就是因为他浇水太勤了。""难道辛勤浇水也有错吗？""其实树跟人是一样的，对它太殷勤了，就培养了它的惰性，它的树根只在地表浅处，怎能经受风雨呢？"

古语有云："纸上得来终觉浅，绝知此事要躬行。"班主任对孩子进行思想教育，单凭说教的效果是不会很明显的，要让孩子在实践活动中去体验、去感受，情感体验才会强烈，思想认识才会深刻。班会课是老师对孩子进行思想教育的一个重要平台。那么，如何组织班会课呢？

首先，班主任要做好示范工作

尤其是第一次班会课，班主任要做好充分的准备，从班会主题的确定、活动形式的安排、课件的制作、教育案例的选取、活动要达成的目的等，都要精心去准备。班会课要尽量以学生活动为主体，要为学生创造充分表达观点和意见的机会。以游戏为辅，增强课堂的趣味性，让孩子在活动中去体验，在体验中感悟一些道理。要把枯燥的思想教育渗透到活动中去，这样，孩子在便不知不觉中受到了教育、熏陶和感染。

其次，要敢于把班会的主动权交给孩子

我的做法是由班长全权负责，每周由班长选定一名同学作为值周班长，提前一周布置任务。按照老师示范的班会形式认真组织班会活动，根据班级实际情况独立确定班会主题。上班会课时，由值周班长负责主持班会，带领全班同学开展活动。班会课要让孩子当主角，要让孩子做班会课的主人，让孩子自己教育自己，自己管理自己。但班主任要做好宏观调控工作，要强调基本要求和程序。例如，班会课中学生活动时间为40分钟，班主任老师讲评时间为5分钟。班会课由值周班长担任主持人。主持人宣布班会课的主题之后，学生通过视频观看、小品表演、诗歌朗诵、歌曲欣赏、分组讨论、交流发言、畅谈感悟等多种多样、喜闻乐见的形式，反映学习生活，也可以畅谈人生，憧憬美好的未来。在活动接近尾声时，由班主任用大约5分钟时间，对活动做评价，对孩子提出希望和要求。

学会放手，并不是对班级管理撒手不管，对孩子放任自由，而是换一种方式来管理班级，改变以往传统的教育方式，打破传统的班主任事无巨细、身体力行的局面。作为一位新型班主任，不能再事事亲力亲为，把班级所有的问题都独自承担，而是要"垂帘听政"，依靠严父般的要求、慈母般的仁爱、兄长般的鼓励和朋友般的关怀，创建一个和谐的班集体。在班主任的指导和班干部的监督下，使孩子能够逐渐加强自我约束的能力，增强自我管理的意识，养成独立自主的好习惯。

让孩子在思辨中成长

无论是家长还是老师，常挂在嘴边的一个话题是："现在的初中生是最不好管的，不成熟、偏激，非常叛逆。"初中生为什么会叛逆呢？

原因有很多，其中最突出的原因是青春期心理方面的原因。中学生的独立意识和自我意识日益增强，迫切希望摆脱成人的监护，他们反对成人把自己当"小孩"，以成人自居。为了表现自己的"成熟"，就对任何事物持批判的态度，同时他们又担心外界无视他们的成熟与独立，便通过"标新立异"的言语和行为来确立这种地位，这就是逆反心理。

学习障碍与学习预期目标之间的冲突会使孩子产生紧张的心理，面对家长或老师会采取一种消极回避的态度。目前，在我们的教育体制里，很多时间，学习就等于听课和做题，孩子每天面对枯燥无味的作业，学习不到生活常识和自己想要掌握的知识，当成绩不好时还会得到家长和老师的"责问"，久而久之，厌烦情绪越来越严重，慢慢就产生了叛逆倾向。于是，逃避现实的心理就出现了，他们就到其他的事情中寻找乐趣和自我满足感，例如，网游。

也有些孩子是因为得不到应有的尊重而产生叛逆。在很多家长眼里，孩子必须"一切行动听指挥"。殊不知，孩子慢慢长大了，开始有了自己的思想，如果家长不尊重孩子，那么沟通就会出现障碍，从而引发孩子的叛逆心理。因此，正确的沟通方法在家庭教育中特别重要。

另外，在学校教育中，一些老师过度关心学习成绩，而不关心孩子的心理发展，这也会导致孩子产生叛逆心理。当孩子的想法得不到老师的肯定和尊重时，会有很强烈的挫败感，久而久之，就会形成叛逆心理。

总之，初中生叛逆的原因有很多，如果家长和老师不及时对孩子叛逆的心理和行为进行正确的引导，很容易造成不良影响。会导致青少年产生多疑、偏执、冷漠、不合群、对抗社会等逆反性格，如果进一步发展，还可能向犯罪心理和病态心理转化，从而走向极端。处于逆反期的青少年通常对教育者有明显的"反控制""对抗"心理。老师和父母越恼火，他们越反感，以至于发展为叛逆性格。

那么，如何让孩子尽快成熟起来，走出叛逆的怪圈呢？其中一个重要的方法是提高孩子的思辨能力和应对问题的能力。

第一，可以让孩子多学习一些哲理性故事来提高思辨能力

例如：

一个小女孩趴在窗台上，看窗外的人正在埋葬她心爱的小狗，不禁泪流满面，悲恸不已。她的外祖父见状，托起外孙女的下巴，说："孩子，你开错了窗户。"连忙引她到另一扇窗口，让她欣赏玫瑰花园。果然，小女孩的心情变得明朗起来。

这个故事的哲理是：关闭令人伤心的窗户，开启另一扇窗户，也许你会看到希望。这个故事可以引导孩子正确面对失败。

再如：

有一户人家的菜园摆着一块大石头，宽度大约有40厘米，高度有10厘米。到菜园的人，经常一不小心就踢到那块大石头，不是跌倒就是擦伤。儿子问："爸爸，那块石头那么讨厌，为什么不把它挖走？"爸爸回答说："你说那块石头？很久以前就在那儿了，它的体积那么大，不知道要挖到什么时候，没事无聊挖石头，不如走路小心一点儿，还可以训练你的反应能力。"

过了几年，这颗大石头留到下一代，儿子娶了媳妇，当了爸爸。有一天儿媳妇气愤地说："爸爸，菜园那块大石头，我越看越不顺眼，改天请人搬走好了。"爸爸回答说："算了吧！那块大石头很重的，可以搬走的话在我小

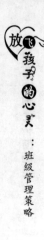
时候就搬走了，哪会让它留到现在？"儿媳妇心底很不是滋味，那块大石头不知道让她跌倒了多少次。十几分钟后，儿媳妇用锄头把大石头四周的泥土搅松。儿媳妇早有心理准备，可能要挖一天吧，谁都没想到几分钟就把石头挖起来了，看看大小，这块石头并没有想象的那么大，大家只是被其巨大的外表蒙骗了。

这个故事的哲理是：阻碍我们去发现、去创造的是我们心理的障碍和思想的顽石。如果你抱着下坡的想法爬山，便无从爬上山去；如果你的世界沉闷无望，那是因为你自己沉闷无望。想要改变你的现状，必先改变你自己的心态。这个故事可以引导思想叛逆的孩子改变想法，换一种方法去处理问题。

第二，可以组织孩子辩论，从而提高孩子的思辨能力

辩论赛的辩题涉及的内容可以多样而广泛，兼具生活情趣与时代气息，让孩子在辩论中有话好说、有话可说。但要求孩子在辩论中要注意仪表及语言，不能对对方辩手进行人身攻击。辩论比赛不仅可以增强班级同学之间的友谊、活跃校园文化气氛，还可以提高孩子的思辨意识和思辨能力，可以扩大孩子的知识面、提高其综合素质，学会从不同的角度思考问题。这样，可以避免孩子认死理、一味反抗的情况出现。这样一来，孩子逆反的心理就消除了。

总之，在青少年自我意识形成的过程中，逆反心理是十分常见的现象，它对青少年心理的发展有着不可忽视的影响。由于青少年逆反心理成因的多样性，家长和老师要学会运用教育智慧，采取合理的疏导方法，提高孩子分析、处理问题的能力，促使其内在转变。

放大孩子优点，淡化孩子不足

有一个穷困潦倒的青年流浪到巴黎，希望父亲的朋友能帮自己找一份谋生的差事。"数学精通吗？"父亲的朋友问他。青年羞涩地摇头。"历史、地理怎么样？"青年还是不好意思地摇头。"那法律呢？"青年窘迫地垂下头。"会计怎么样？"父亲的朋友接连地发问，青年都只能摇头告诉对方——自己一无所长，连丝毫的优点也找不出来。"那你先把自己的住址写下来吧，我总要帮你找一份差事做呀。"青年羞愧地写下自己的住址，急忙转身要走，却被父亲的朋友一把拉住了："年轻人，你的名字写得很漂亮，这就是你的优点啊，你不该只找一份糊口的工作。"

把名字写好也算一个优点？青年从对方眼里看到了肯定。数年后，青年果然写出享誉世界的经典作品。他就是18世纪法国家喻户晓的作家——大仲马。

世间许多平凡之辈，都拥有一些诸如"能把名字写好"的小优点，但由于自卑等原因常常被忽略，更不要说是一点点地放大它了。每个平淡无奇的生命中，都蕴藏着一座丰富的金矿，只要肯挖掘，一定会挖掘出令自己惊讶不已的宝藏的……

这个故事告诉我们，每一个孩子的身上都有他的闪光点。作为班主任要善于挖掘孩子的优点。只要教师愿意挖掘，一定可以挖出一个令人惊讶的

金矿。

在一个班级中，总有一些孩子学习能力超强，也有一些孩子学习能力比较一般；总有一些孩子表现得特别优秀，也有一些孩子常常违反纪律；总有一些孩子愿意为班级义务做很多班务活动，也有一些孩子经常逃避班务活动。表现优秀的孩子很容易得到老师的肯定和青睐，而表现不尽人意的孩子往往受到老师的冷落，甚至常常受到同学和老师的指责。久而久之，这些孩子会自我怀疑。但是，经验丰富的老师可以杜绝和改变这种状况的发生。常用的教育策略是：放大孩子的优点，淡化孩子的不足，千方百计地寻找机会赞美孩子，包括表现不好的孩子。

在我的班上曾经有这样一个孩子，他纪律意识淡薄、我行我素，他是老师办公室的常客。这种情况下，我先淡化他的不足，再千方百计地寻找他的优点。经过观察发现，只要学校举行班级比赛活动，他就表现得特别热心，乐于出谋划策，根据这个特点，我让他全权负责，他也号召班上的同学听从他的指挥。我也抓住这个机会表扬他的能力，表扬他有想法、有创意，敢想敢做，令人信服，相信他将来一定可以成为一位很好的领导者。就是因为这一次表扬，我发现他渐渐地变化了，他的不良行为逐渐收敛。趁此机会，我继续表扬他的变化。而他也不负我所望，成为一名让我放心的、潜心学习的"优秀生"。

还有一个孩子，她行为方面表现得很优秀，但是她的学习能力却令人担忧。很多科任教师经常向我反映，她的成绩实在太低了。这种情况下，我还是对她充满信心，我经常鼓励她，只要继续努力，一定会成功的。在其他同学面前，我总是表扬她坚持不懈的努力，并相信她一定能成功考上普高。我发现，她学习越发努力，在中考中考出了让我惊喜的好成绩。我想：这一定是我对她的鼓励起了作用。在她的内心深处，有一种得到老师肯定的强烈愿望，而我刚好满足了她的需求，从而给了她学习的动力，激发了她的潜力。

为什么每个孩子都有获得别人肯定的心理需求呢？2013年，柏林大学的心理学学者们进行了一项探索人脑内伏隔核与脸书使用的联系的研究。其中一项研究结果证实："人们在使用脸书的过程中获得的社会认同会对终脑基底核中的伏隔核产生作用，获得暂时的、难以名状的快感。为什么脸书那么流行？是因为脸书提供了一种自我销售的平台，通过表达自己的意见，拍自己的美照和生活来博取别人的点赞和评论。为什么要销售自己来获得别人的认可？其根本的原因是寻求认可来抵消自我怀疑。由此可见，寻求他人认可是心理防御的一种外在表现。这一点对老师如何对待孩子具有很重要的指导意义。

跳出评比的束缚

评比是学校常规管理的重要手段，为了突出评比的科学性、激励性，一般要通过检查、量化来进行，以便班级之间展开公平竞争。根据学校的实际情况，各个学校会开展各种各样的评比活动。虽然评比的形式各式各样，但目的基本相同，即通过评比活动，一方面促进班主任工作的开展，另一方面促进孩子良好行为习惯的养成。因此，评比工作是学校管理工作的重要抓手。很多学校将平时的量化评比与老师的评优晋级挂钩，这令老师倍加重视。为了管理孩子，班主任想尽一切办法对孩子严防死守，甚至对孩子采取了很多惩罚措施。有些班主任为了不让班级扣分，还采取包庇、造假的方法。像这种过分强调"管住孩子"的管理方式，给班级管理带来很多负面的影响。因为它忽略了班级管理的"育人功能"。班主任将评比错误地理解为：只要班上不出事、不违纪，量化评比分数高就是工作出色，就是优秀班主任。这种想法是有严重偏差的。这种管理意识最大的弊端就是忽视孩子综合素养的提升，"教育手段"和"教育目的"本末倒置。这种管理造成的是师生的关系紧张，孩子的心理情绪压抑，得不到有效释放。孩子长期处于压抑状态，那么，他的智慧就得不到充分展现。这样的班级往往没有凝聚力，孩子学习也没有战斗力。

管理是教育的手段，而不是教育的目的。班级管理的目的是促进孩子更好地发展。教育部颁发的《中小学班主任工作规定》中明确指出："班主任是中小学日常思想道德教育和学生管理工作的主要实施者，是中小学生健康成长的引领者，班主任要努力成为中小学生的人生导师。"所以，一位优秀的班主任，应该扮演五种角色：心理医生、道德模范、沟通使者、消防队员、灵魂导师。真正的教育是管理和育人融为一体，即管理是以育人为目的，没有以育人为目的的管理不是教育；育人需要管理作保障，没有有效的管理，育人活动难以维系和实施。管理和育人始终是相伴的、不可分割的。由此，班主任要理性地看待学校的各项评比工作，要跳出评比的束缚。不要把追求量化高分作为工作的主要目的，而是要引导学生在活动中有所悟、有所想，不断修正自己的行为，提升自己的品德意识。

犯错误是孩子的天性，作为人师的我们应该去引导孩子发现错误、纠正错误。任何一个孩子的成长，都是在不断地犯错误和改正错误中获得的。正是有孩子不断地犯错误，才能彰显教育的作用和魅力。所以，面对孩子的错误，不能为了追求量化高分而对孩子一味地制止，应该用巧妙的方法引导孩子。这就是教育的智慧。艺术大师的作品常常"留白"，因为太满、太挤容易使人失去想象的空间。人生的许多魅力，不在于完美，而在于对缺憾的回味。所以，我们不能为了自己的虚荣心而去苛求孩子十全十美。要明白缺角的月亮虽然没有耀眼的光辉，但同样可以把轻柔的光芒撒向大地；清澈的溪流虽然没有容纳百川的胸怀，但同样可以让溪边的小花摇曳生姿。世上没有十全十美的事情，有时缺陷也可以成为一种美，也可以放射出光彩。作为老师，要去除功利的心态，要用教育的智慧、欣赏的眼光去引导孩子健康快乐地成长。

管控好自己的负面情绪

情绪，是对一系列主观认知的统称，是多种感觉、思想和行为共同产生的心理和生理状态。每个人都有情绪，随着周围环境的变化，以及一些突发的状况，自然会产生情绪上的变化。当遇到高兴的事情时，人会兴奋；当遭遇挫折或受到批评时，人会情绪低落，变得焦虑、性情暴躁等。并且这种情绪是会传递的，尤其是当一个人处于不良情绪时，很容易产生"踢猫效应"。

"踢猫效应"是指对弱者发泄不满情绪而产生的连锁反应。"踢猫效应"描绘的是坏情绪的传播。人的不满情绪和糟糕心情，一般会沿着等级强弱的社会关系链依次传递。由金字塔尖一直扩散到最弱小的最底层，无处发泄的那一个元素则成为最终的受害者。其实，这是一种心理疾病的传播。

一般而言，人的情绪会受到环境以及一些偶然因素的影响，当一个人的情绪变坏时，潜意识会驱使他向无法还击的弱者发泄。受到上司或者强者情绪攻击的人又会去攻击比自己弱小的人。这样就会形成一条清晰的愤怒传递链，最终的承受者，即"猫"是最弱小的群体，也是受气最多的群体，因为会有多个渠道的怒气传递到他这里来。

在心理学上，关于"踢猫效应"有这样一个故事：

某公司董事长为了重整公司事务，要求自己要早出晚归。一次，他在家看报太入迷了，以至于忘了时间，为了不迟到，他在公路上超速驾驶，被警察开了罚单，最后还是耽误了时间。这位董事长愤怒至极，回到办公室时，为了转移他人的注意，他将销售经理叫到办公室训斥了一番。销售经理被训之后，气急败坏地走出董事长办公室，将秘书叫到自己的办公室并对他百般挑剔。秘书自然是一肚子气，就故意找接线员的茬儿。接线员无可奈何，只能垂头丧气地回到家，对着自己的儿子大发雷霆。儿子莫名其妙地被父亲痛斥之后，也很恼火，便对自己家里的猫狠狠地踢了一脚。

老师在平时的工作中，很多事情都可能使自己的情绪变坏。如受到领导的批评，受到家长的无端指责，班上孩子发生恶性冲突事件，家庭生活遇挫，等等。此时，如果不能控制好自己的情绪，可能会出现班主任无端向孩子发火的现象。而孩子受到批评时，也会产生不良情绪，也会寻找其他出口释放。如此下去，就会造成严重的后果。其一，老师的形象毁了，在孩子心中的影响力下降了。其二，师生的关系也没那么和谐了，这种伤害是很难弥补的。当老师把怒气转移给孩子时，就是把焦虑发泄到孩子身上，久而久之，就会形成恶性循环。那么，如何管控好自己的情绪呢？

首先，要多学习，多了解一些关于管控情绪的理论知识，提升自己处理问题的技巧。其次，要公私分明，不要把生活上的不快带到工作中，要用转移注意力的方法来控制自己，要学会克制愤怒。当人的情绪激动时，为了不因爆发而导致难以控制的后果，可以把注意力从引起不良情绪的刺激物转移到其他事物或活动中去。最后，树立正确的学生观，要用宽容的心态来对待孩子，要学会换位思考。

要认识到对孩子而言发生某些事情是正常的，不足为怪。要多从孩子的角度看问题，要设身处地地为孩子着想，其角度不同，看问题的思路也不同，要对孩子的一些不成熟的想法、做法多一些理解，对他们多一些关爱，从而减少师生的矛盾与冲突，实现师生之间和谐相处的目标，让孩子"亲其师而信其道"。要学会赏识孩子。很多时候，令我们大伤脑筋的是淘气的孩子，一旦他们犯错，会使我们更生气。遇到这种情况，我们应多放大孩子的闪光点，要用发展的眼光看待孩子。比如，有的学生很顽皮，但他思维很敏捷。老师完全可以淡化他的顽皮，只要加以正确的引导，他就会成为很优秀的孩子。因此，赏识教育的本质就是发现、挖掘、放大、发展孩子的优点和潜能。

与孩子保持适当的距离

很多年轻的班主任因为年龄的问题，喜欢与孩子打成一片，孩子也愿意亲近他们，久而久之，老师成了孩子心中的小哥哥、小姐姐，这本是一件好事，但也给班级管理工作带来一定的烦恼。因为过于亲近，老师缺乏威严，给教育孩子带来了困扰。究其原因就是老师与孩子在相处的过程中没有保持一定的距离。

常言道：距离产生美。一位心理学家做过这样一个实验：

在一间刚刚开门的大阅览室里，只有一位读者，心理学家拿椅子坐在他的旁边。共有80人接受了这个实验。结果证明，在一间只有两位读者的阅览室里，没有一个实验对象能够忍受一个陌生人挨着自己坐下。当心理学家坐在他们身边时，实验者不知道这是做实验，更多的人会默默地远离并坐到别处，有人干脆明确地表示："你想干什么？"

这个实验说明了人与人之间需要保持一定的距离。师生关系是各种教育关系中最基本的关系，良好的师生关系有利于教师工作的顺利进行。有人主张教师要走进孩子的心灵，做孩子的贴心朋友，也有人认为教师要给孩子自由的空间。这些观点都有一定的道理，但我还是赞成师生之间要保持一定的距离，师生之间不能靠得太近，零距离的接触不利于教学工作的开展。因为师生关系不能等同于父子关系、母子关系、朋友关系。教师在孩子面前要保持一份庄重感和神秘感，如果毫无保留地站在孩子面前，与孩子称兄道弟，甚至讲哥们义气，那么就会影响师生关系。

"距离产生美"，这是美学的一个不变的命题，说的是人们在欣赏自然美、社会美和艺术美等审美过程中，必须保持特定的、适当的距离，如时间距离、空间距离和心理距离，否则就会影响审美主体的效果。这个观点也可以延伸到工作和生活中，把握好师生之间的距离，才能使师生关系更加融洽、和谐。

心理学上的"刺猬效应"就是这个道理。"刺猬效应"来源于西方的一则寓言，即在寒冷的冬天，两只刺猬相依取暖，一开始由于距离太近，各自的刺把对方刺得鲜血淋漓，后来它们调整了姿势，相互之间拉开了一定的距离，不但能互相取暖，还能很好地保护对方。

教育心理学家根据这则寓言总结出了教育心理学上著名的"刺猬效应"。这一效应的原理是：教育者与受教育者日常相处时，只有保持适当的距离，才能取得良好的教育效果。但在实践中，教师也不能将"刺猬效应"解读为与孩子保持很大的距离。教师与孩子之间的距离太大，孩子不能感受到温暖，就会产生陌生感，因此，教师的教育效果取决于"刺猬效应"。

注重细节管理

常言道："细节决定成败"，这是一句俗语，也是一种哲理，即讲究细节能决定事件的结果。对于不清楚、不了解的事物不要轻易下定论，不要让机遇悄悄溜走。也许一个决定、一个微不足道的细节就会决定你的成败。

有一首民谣是这样说的：

丢失了一个钉子，坏了一只蹄铁；坏了一只蹄铁，折了一匹战马；折了一匹战马，伤了一位国王；伤了一位国王，输了一场战斗；输了一场战斗，亡了一个国家。

马蹄铁上一个钉子的丢失，不禁使我想起"失之毫厘，谬以千里"这句古语。无论做人、做事，都要注重细节，从小事做起。"不积跬步，无以至千里；不积小流，无以成江海"这句话告诉我们：要成就一番大事业，就要从我们身边的小事做起，把一个个小的胜利聚集起来，才能获得更大的成就。然而想做大事的人很多，愿意把小事做细的人很少；雄韬伟略的战略家很多，精益求精的执行者很少；各类规章制度很多，规章条款执行者很少。所以，我们必须改变心浮气躁、浅尝辄止的缺点，提倡注重细节，把每一件小事做好。

"细节决定成败"的案例很多。例如，2003年2月1日上午9时，美国东部的哥伦比亚航天飞机升空80秒后爆炸，机上7名宇航员遇难。而调查结果表明，造成这一灾难的"凶手"竟是一块脱落的泡沫，它击中了飞机左翼前的隔热系统。虽然飞机的整体性能等许多技术指标都是一流的，但却因一小块脱落的泡沫就毁掉了价值连城的航天飞机并导致7名宇航员丧生，实在是不值得。

现代商业上的细节也很重要，许多企业将大笔资金投入产品的开发中，往往只是为了赚取利润，而在生产中任何一个细节的失误，都可能失去这些利润。

在教育工作上，"细节决定成败"的道理同样适用。班级管理是一个细致活儿，日常的班务管理，包括纪律管理、班级卫生管理、学习方面的管理都需要班主任细致对待。尤其是活泼好动的孩子，很容易出现心理变化，这就需要班主任观察细微，防患于未然。尤其是某些事情如果没有被及时发现或处理，很可能会产生负面的"蝴蝶效应"，造成严重的后果。

"蝴蝶效应"是气象学家洛伦兹在1963年提出来的，一只亚马孙流域的热带雨林中的蝴蝶，偶尔扇动几下翅膀，在两周后会引起美国得克萨斯的一场龙卷风。其原因在于：蝴蝶翅膀的运动，导致其身边的空气系统发生变化，并产生微弱气流，而微弱气流的产生又会引起四周空气或其他系统产生相应的变化，由此引起连锁反应，最终导致其他系统的变化。此效应说明：事物发展的结果对初始条件具有极为敏感的依赖性，初始条件的极小偏差，将会对结果产生巨大的影响。"蝴蝶效应"在社会学界用来说明一个坏的机制，如果不及时地进行引导、调节，会给社会带来非常大的危害，戏称为"龙卷风"或"风暴"；一个好的机制，只要正确指引，经过一段时间的努力，将会产生"蝴蝶效应"。有科学家把"蝴蝶效应"又称"混沌"，"混沌"理论认为，在"混沌"系统中，初始条件十分微小的变化经过不断放大，对其未来状态会造成巨大的差异。"蝴蝶效应"是"混沌"学理论中的一个概念。它是指对初始条件敏感性的一种依赖现象。输入端微小的差别会迅速放大到输出端，"蝴蝶效应"在学校班级管理中比比皆是。很多微小的事件，如果班主任没有及时处理，可能会造成严重的后果。但如果处理及时、巧妙，不但可以将一些潜在的危险事件扼杀在萌芽时期，而且能有效地保护孩子不受伤害。

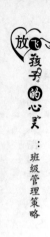

有这样一个故事：

一名中学生和老师同住，老师把班级的班费放在了枕头下面，早晨起床后去了一趟厕所，再回来时发现钱没了。很明显，钱被那名学生拿走了。这位老师没有直接问那名学生，而是在随后的活动中不动声色地暗暗观察那名学生。那名学生因心里有事，表现有些异常。老师把这些都看在眼里，依旧同往常一样同那名学生一起赶往学校。到学校后，老师装作很意外的样子说："我把咱班的班费落在宿舍了，就放在我的枕头底下，你帮我把它取来，我们要用它资助一名同学。"那名学生很快"取回"了钱。直到那名学生毕业，老师也未提及此事。若干年后，从侧面询问那名学生的情况，说是工作特别出色，这位老师心里惬意极了。

在这个故事中，由于班主任及时发现了问题，并运用巧妙的方法细心观察学生的表现，让那名学生"拿钱"的事件没有产生"蝴蝶效应"，及时终止了那名学生的错误行为。既教育了那名学生，又保护了那名学生的自尊心。

在班级管理中，这样的事例相当多。例如，迟到、早退、早恋、拉帮结派等现象。如果班主任工作不细致，没有及时处理，让这些不良现象形成"蝴蝶效应"，其他同学就会跟风，小错就会演变为大错，"小恶"就会演变为"大恶"，这就是恶性发展给班级管理带来的严重后果。

总之，教育无小事，在班级管理中，班主任要用自己的细心、耐心、爱心和机智巧妙运用"蝴蝶效应"，发挥它"革命"的作用，以避免造成班级的"龙卷风"。

谨防"青蛙效应"

"青蛙效应"源自19世纪末，美国康奈尔大学曾进行过一次著名的"青蛙试验"：他们将一只青蛙放在煮沸的大锅里，青蛙触电般地蹿了出来。后来，人们又把它放在一个装满凉水的大锅里，任其自由游动。然后用小火慢慢加热，青蛙虽然可以感觉到外界温度的变化，却因惰性而没有立即往外跳，直到后来热度难以忍受，但却失去了逃生能力，最后被煮熟了。经过分析认为，这只青蛙第一次之所以能"逃离险境"，是因为它受到沸水的刺激，于是便使出全部的力量跳了出来。第二次由于没有感觉到明显的刺激而失去警惕，没有危机意识，它觉得这一温度正适合，然而当它感觉到危机时，已经没有能力从水里跳出来了。

"青蛙效应"实验与班集体的管理有极大的相似之处。教师就像实验者，实验的池子好比班集体，青蛙好比受教育的孩子，水池中的水就好比班集体中的常规制度。

青蛙为什么能在沸水里死里逃生？青蛙死里逃生的力量主要来源于沸水，它的强化作用激起青蛙自我逃生的反应。班级规章制度如果像沸水那样，孩子就会自觉遵守规章制度，一般不会去碰"沸水"。即使稍有涉足，也能自拔。所以，班主任一定要制定符合本班孩子特点的严格的班级规章制度。

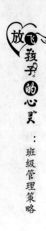

　　"青蛙效应"还告诉我们，对于孩子表现出来的微小缺点和错误都不可姑息。在教育过程中，大多数老师由于认识上的不足，对成绩较好、比较守纪律的孩子总有一种偏袒心理，这些孩子在班里总是要风得风、要雨得雨。学校领导称赞他，任课教师宠爱他，班主任更是将其捧为掌上明珠——三好学生是他，优秀团员是他，优秀学生干部还是他。即使这些孩子犯了错误，教师也总是以宽容的心理对待，睁一只眼闭一只眼，让孩子含糊过关；即使是批评，也是轻描淡写，点到为止。有的老师甚至是看不到这类孩子存在的问题，对这些孩子的不足直接忽视，这样便构筑了教育的盲点，使"过盛"的爱自动贬值，其负效应是使得这部分优秀生产生错觉。由于失去了"沸水"的刺激，他们对表扬感到麻木不仁，认为一切都是理所当然的。因而，他们不能正确评价自己、他人和周围事物，导致其心理异化，失去对逆境的承受力和受挫力，使他们在成长中变得非常脆弱，缺乏持续发展的后劲儿，社会适应力极差。社会上一些大家眼中优秀的孩子出现自杀或犯罪的现象，就是"青蛙效应"的典型案例。所以，班主任要提高警惕，防止这类悲剧发生。

提升孩子的思辨能力

思辨能力就是思考辨析的能力。思考指的是分析、推理、判断等思维活动；辨析指的是辨别分析事物的情况、类别、事理等。思辨能力首先是一种抽象思维能力。例如，能区分鸡蛋和鸭蛋，这不能算是思辨能力，因为仅凭经验观察就能够区分鸡蛋和鸭蛋。若要搞清楚"先有鸡还是先有蛋"这个问题，只靠经验观察是不够的，必须有较强的思辨能力才行。

例如，对于"先有鸡还是先有蛋"这个问题，我们可以做以下三个层面的分析：

第一，如果我们在经验的层面上进行辨析，这个问题就简单了。即对某一颗鸡蛋所孵化出的小鸡而言，当然是先有蛋，后有鸡；可对这只小鸡长大后所生的蛋而言，当然是先有鸡，后有蛋。如果在这个经验的层面上，仍然有人质问："你说'先有蛋，后有鸡'，那鸡蛋又是从何而来？"这显然是在玩弄混淆概念的把戏，因为孵化出鸡的那颗蛋，与由孵化出的鸡所生的那颗蛋，两者"辈分"不同。

第二，如果我们从追根问底这个根本的层面上进行分析，"先有鸡还是先有蛋"这个问题就成了一个不恰当的问题。凭什么说它是一个不恰当的问题呢？因为提出这一问题，并准备对回答这个问题的人做进一步的质问，他必须假定"蛋是由鸡生的"和"鸡是由蛋孵的"这两件事实。可根据生物进

化的常识，无论是鸡还是蛋，都是从非鸡、非蛋的其他物种遗传、变异而来的，如同人是由人猿演变而来的。也就是说，"先有鸡还是先有蛋"这个问题必须依靠两个假设才能提出来，所以，它是一个不恰当的问题。

第三，如果我们从逻辑思维这个层面上进行分析，"先有鸡还是先有蛋"的问题通常是指称"恶性循环"这种思维错误的代名词。什么是"恶性循环"？比如，有这样一段议论："许多人并不了解自己，却试图去了解别人，那是不会成功的。因为连自己都不了解的人是不可能了解别人的。可是，要了解自己也确实困难，因为不了解别人对自己的评价，又怎么能做到自我了解呢？可见，了解别人是了解自我的一面镜子。"这段就是"恶性循环"，前一半说"了解自我"是"了解别人"的前提；后一半又说"了解别人"是"了解自我"的前提，这让人听了会产生"先有鸡还是先有蛋"的困惑。

在不同层面上对同一个问题开展有条理的分析是非常重要的。由此可见，层次分明、条理清晰的分析，清楚、准确、明白、有力的说理是思辨能力的主要特征。如果一个人在思考问题时能做到条理清晰、口齿伶俐，我们就说其具有较好的思辨能力。一个人获取知识的能力，一般被认为是学习能力，学习能力不能决定一个人的发展，决定一个人发展的是思辨能力。

孩子思辨能力的提升可以促进他分析问题的全面性和看问题的广度和深度。所以，有人提出，"思辨能力要从娃娃抓起。"在美国，自幼儿园就开始重视对孩子思辨能力的训练了，这给我们两个启示：其一是课堂表述和辩论，自幼儿园开始，老师就给孩子很多表述的机会，让他们针对某个问题能够各抒己见，发表自己的看法，谈谈自己的经历，或者与别人辩论；其二是科学方法这项最基本的训练，多数校区要求所有孩子在小学四五年级时能掌握科学方法的实质。这为孩子今后的学习和研究打下了基础，也为他们的成长做了准备。

班主任如何训练孩子的思辨能力呢？首先，班主任可以利用班会设计合适的主题，然后鼓励孩子展开辩论，形成习惯。平时孩子回答问题时，可以引导孩子从不同的角度或不同层面进行深刻的分析。其次，班主任可以借助一些思辨哲理故事对孩子进行熏陶。

事例一：

英国原首相布莱尔偕及具夫人来到法国西南部的一个小镇度假。虽然是首相夫人大驾光临，但小镇人员依然我行我素，该晒太阳的晒太阳，该谈恋爱的谈恋爱，每个人都生活得自在而有序。明知布莱尔是个"大人物"，但大家都不在意，因为众生平等。布莱尔喜欢泡吧，小镇唯一一家酒吧的老板丝毫不给面子，依然按预定计划关门休假去了。不过，老板仍然很礼貌地在酒吧门口留下一张字条："欢迎布莱尔先生和太太，很抱歉，现在我们在放假，假期结束后，我们会回来的。很抱歉！"

事例二：

德国政府订立新法规，要求猪农们必须遵守以下条例：猪农每天至少花20秒，即早晚各10秒，跟每一头猪相处；每头猪都必须接触到光线，冬季时更要提供额外光源，以免它们心情忧郁；给每头猪提供两三个木头玩具或稻草人作为消遣，以防它们无事生非……这似乎有点难，但德国人做到了，因为法律是神圣的。他们信仰法律。

以上两个事例说明：权力与法律是每个公民都必须面对的两样东西。

通过长此以往的熏陶，孩子的思辨能力自然会得到提升。

第二章
做孩子心灵的保护者

走进孩子的心灵

要想成为一位优秀的班主任，就要学会走进孩子的心灵；要想走进孩子的心灵，一切就要从沟通开始。没有好的沟通技巧是很难与孩子亲近的，更不用说走进孩子的心灵了。

有这样一个故事：

有一个秀才去买柴，他对卖柴的人说："荷薪者（担柴的人）过来！"卖柴的人听不懂"荷薪者"三个字，但是听得懂"过来"两个字，于是把柴担到秀才前面。秀才问他："其价如何？"卖柴的人听不太懂这句话，但是听得懂"价"这个字，于是就告诉秀才价钱。秀才接着说："外实而内虚，烟多而焰少，请损之。（你的木材外表是干的，里头却是湿的，燃烧起来浓烟多、火焰小，请减些价钱吧。）"卖柴的人因为听不懂秀才的话，于是担着柴就走了。

这个故事说明人与人之间有效的沟通很重要。

沟通是人与人之间、人与群体之间思想与感情的传递和反馈的过程，为了达成思想和感情的统一性与沟通的流畅性。沟通的基本模式有：语言的沟通与肢体语言的沟通。

语言是人类特有的一种有效的沟通方式。语言的沟通包括口头语言、书面语言、图片或图形。口头语言包括我们面对面的谈话、开会等。书面语言包括我们的信函、广告和传真，甚至用E-mail、微信、QQ等。图片包括一些幻灯片和电影等，这些统称为语言沟通。在沟通过程中，语言沟通可以进行信息的传递、思想的传递和情感的传递。

肢体语言的内容非常丰富，包括我们的动作、表情、眼神。实际上，在我们的声音里也包含着肢体语言。我们在说每一句话的时候，用什么样的音色去说，用什么样的节奏、声调去说，等等，这都是肢体语言的一部分。肢体语言更能体现人与人之间的思想和情感。

班主任与孩子之间是管理与被管理的关系，这种关系是在沟通中进行的。孩子接受教育的过程是教师表达情感与孩子接受情感的过程。但是，教师能不能走进孩子的心灵，孩子是否愿意接受教师的情感，关键在于沟通，沟通是教师实现管理目标、满足管理要求、实现教育理想的重要手段。

师生之间如何沟通，沟通的质量如何，决定了教师表达情感的有效性。有效沟通有助于建立良好的师生关系，能使班主任真正了解孩子内心的真实想法，做孩子的贴心朋友，孩子也会愿意向教师吐露心声。这种心灵的契合能让孩子心甘情愿地接受教师的管理。班主任根据这些有效的信息制定出满足孩子需求的、有针对性的、正确的班级管理决策。那么，如何做到有效沟通呢？

第一，班主任要提升自己的人格魅力。要用健康、正确的思想去引领孩子，要用自己的言行感染孩子。要让自己充满正能量，用正能量去感染、吸引孩子。只有这样，才能让教育在春风化雨中达到理想的效果。正所谓：花若盛开，蝴蝶自来；你若精彩，天自安排。如有来生，我愿为树，一叶之灵，窥尽全秋。

第二，班主任要提升语言的表达能力，包括语言的准确性、简约性、幽默性，而且要善于利用肢体语言来增强语言的魅力。夸美纽斯说过："一个能够动听地、明晰地教学的教师，他的声音便像油一样浸入学生的心里，把知识一起带进去。"所以，班主任要学会用言简意赅的语言来表达正确且丰富的内容；要学会用富有幽默感的教育机智来调节师生之间的情绪状态，缓和课堂中紧张的局面，用一种积极、乐观的态度来处理矛盾；教师要把人格魅力注入语言中，带进课堂里，带入与孩子的情感交流中。当然，教学语言生动有趣不是那么容易做到的，班主任在平时的工作中要加强训练，只要

认真努力地克服缺点、发挥长处，就能加强语言能力，让孩子愿意听、用心听、听得进，给孩子以启迪！

第三，班主任要学会借用孩子的生活语言拉近与孩子之间的距离。在孩子眼里，老师是高高在上、让人敬畏的。而一些老师在孩子们面前往往也端着架子，生怕丢了威严。如果这样，老师与孩子之间的距离也会变得遥远，老师是无法走进孩子的心灵世界的。但如果老师放下架子，与孩子平等相处，聊一些轻松的话题，利用微信和孩子说一些悄悄话，那么老师与孩子之间的隔阂自然会消失得无影无踪。

第四，班主任要善于激发孩子的内在潜能，尤其是要善于运用正向激励，多表扬、少批评，要发自内心地欣赏孩子，要告诉孩子"你能行"。萧伯纳有句名言："有自信心的人可以化渺小为伟大，化平庸为神奇。"所以，老师要多发现孩子的闪光点，而且要放大孩子的闪光点，从而给学生自信心。要明白老师的每一个鼓励都是孩子进步的动力。

第五，班主任要读懂并信任孩子。现在的孩子生活在信息化的时代，他们的语言方式、生活方式、学习方式都具有鲜明的时代特征。老师必须与时俱进，多角度地去了解孩子的实际状况。在此基础上去理解他们、信任他们。索里特尔夫在他的《教育心理学》中有一句名言："如果你把学生看作是负责任的人，他们就会认真负责地行动；如果你把他们看作是小孩，他们将会像小孩一样行动；如果你期望你的孩子去偷东西，他将不会使你失望。"这说明老师的信任是打开孩子封闭心理的一把钥匙，也是激励孩子树立自信的"催化剂"。信任是开启孩子心灵的魔法石，比说教的震撼力更大。聪明的老师应该对每一个孩子都敞开心扉，充分地信任每一个孩子，在每一个孩子心中播下信任的种子，这样，孩子自然就会"亲其师，信其道，乐其学"。老师要学会用鼓励的话给孩子勇气，要学会用表扬的眼神暗示孩子你表现得很优秀，要学会用赏识的微笑给孩子带来喜悦。这些激励的方式像春风雨露一样滋润着孩子的心灵，促其健康成长。

学会赞美孩子

每一个人在心理上都有获得别人肯定与赞赏的需要，如果孩子感到自己被别人赏识了，那么，他就会产生愉悦、自我肯定的感觉，他的心里就会充满自豪和自信，觉得自己很优秀、很特别。相反，如果孩子平时听到的都是训斥、挑剔、责备，甚至挖苦，一个小小的过错就被老师抓住不放，不停地给予批评，他就会觉得自己很失败，否定自己的能力，产生自卑心理，进而失去对学习和生活的热情。

美国福克斯波罗是一家专门生产精密仪器设备等高技术产品的公司。创业初期，在技术改造上遇到了棘手的问题，若不及时解决就会影响企业生存。一天晚上，当公司总裁为此冥思苦想时，一位技术专家突然闯进办公室，兴致勃勃地阐述了他的解决办法。总裁听罢，觉得其构思确实非同一般，便想给予嘉奖。他在抽屉中翻找了好一阵，最后拿着一件东西躬身递给技术专家说："这个给你！"这东西非金非银，仅仅是一支普通的香蕉！但这是他当时所能找到的唯一奖品了。而技术专家也很感动，因为这表示他的研究成果得到了总裁的认可。从此以后，该公司设立了"金香蕉奖"，对攻克重大技术难题的技术专家给予一只纯金制香蕉形别针。这就是福克斯波罗公司的"金香蕉奖"的来由。

美国作家马克·吐温说："一句好的赞美之言能使我不吃不喝活上三个

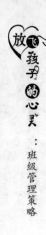
月。"这句话听起来有点夸张，但确实说出了赞美的魅力所在。赞美孩子，不仅能激发其正确的思想观念，从而产生好的行为，还能强化孩子所完成的这一行为，之后，如果再碰到类似事情时，便知道该怎么去做，并逐步形成良好的行为习惯和心理定式。

但赞美孩子是有技巧的，否则会适得其反。首先，赞美孩子时的态度要诚恳，要让孩子切实感觉到老师发自内心的赞美；其次，赞美要把握恰当的时机，趁热打铁，也就是要讲究赞美的时效性。因为过时的赞美，其作用会大打折扣，起不到应有的效果，必须在孩子最希望得到肯定的时候给予赞美，才能达到激励的目的；再次，要注意赞美之词运用得要恰当，要符合赞美对象的个性特征，切忌夸大其词，因为不符合实际的赞美会让人感觉很虚伪；最后，要考虑赞美本身的价值，也就是要思考事件本身是否值得赞美，切忌滥用赞美。艾奥瓦大学教育学教授里塔·德弗里斯认为，表扬作为一种积极的反馈工具，被不断地利用以激发期望获得的效果，不过是"糖衣控制"而已。有时，我们对控制孩子的行为非常痴迷，以至于忽略了他们内在的思想深度和独特性。由此可见，赞美孩子一定要把握一个度，一定要讲究艺术和技巧。

善用暗示的力量

在很久以前的一个部落有一个传统：那里的青年人想结婚，先要学会抓牛的技术。抓了足够的牛作为聘礼送给女方才可以成家立室。最少的聘礼是一头牛，最高的聘礼是九头牛。

这个部落酋长有两个女儿。有一天，一个青年走到酋长的面前，说自己爱上了他的大女儿，愿意以九头牛作为聘礼迎娶他的女儿。酋长听了之后，大吃一惊，忙说："九头牛的价值太高了，大女儿不值，不如改娶小女儿吧，小女儿值九头牛。"

可是，这位青年坚持要娶酋长的大女儿，酋长答应了他，这件事轰动了整个部落。一年后的一天，酋长经过这位青年的家，看见他家正举行晚会，一大群人围成一个圆圈，正欣赏一个美丽的女郎载歌载舞。酋长十分奇怪，去问那位青年："这个女郎是什么人？""酋长你怎么会不认识呢？"年轻人回答，"她就是酋长您的大女儿啊！"年轻人以"九头牛"的价值对待他迎娶回来的妻子，酋长的大女儿也确信自己值"九头牛"的时候，她便有了脱胎换骨的变化。这就是暗示的神奇力量。

关于暗示的理论，最著名的应属"罗森塔尔效应"。一次，美国著名的心理学家罗森塔尔教授来到一所普通中学，在一个班里随便走了一圈，然后就在学生名单上圈了几个名字，告诉他们的老师说："这几个孩子的智商很

高，很聪明。"过了一段时间，教授又来到这所中学，那几个被他选出的学生真的成了班上的佼佼者。罗森塔尔教授这时才对他们的老师说，自己对这几个孩子一点儿都不了解。这让老师们很意外。其实，正是由于老师和孩子接受了积极的心理暗示才出现了这样的结果。

心理暗示是指人接受外界或他人的愿望、观念、情绪、判断、态度影响的心理特点。是人们日常生活中最常见的心理现象。

心理学家巴甫洛夫认为："暗示是人类最简单、最典型的条件反射。"从心理机制上讲，它是一种被主观意愿肯定的假设，不一定有根据，但由于主观上已肯定了它的存在，心理上便竭力向这项内容发展。

我们在生活中无时不在接收着外界的暗示。比如，电视广告对购物心理的暗示作用。每个人都会受到心理暗示。

受暗示性是人的心理特性，它是人在漫长心理暗示的过程中形成的一种无意识的自我保护能力和学习能力。当人处于陌生、危险的境地时，人会根据以往形成的经验，捕捉环境中的蛛丝马迹，迅速做出判断。

当人处于某一个环境中时，会无时不被这个环境所"同化"，因为环境给他的心理暗示，让他在不知不觉中学习。但是心理暗示效果的好坏无法由人的意识控制，不管你愿不愿意，也不管你觉得这对你好不好，你已经受到心理暗示了，而且无时无刻不在接受心理暗示。

暗示对人体能产生积极的作用。比如，暗示可以发掘人的记忆潜力。有人做过实验，分别让两组孩子朗读同一首诗。在第一组朗读前，主试告诉他们这是著名诗人的诗，这是一种暗示。对第二组，主试不告诉他们这是谁写的诗。朗读后让学生默写。结果是第一组的记忆率为56.6%；第二组的记忆率为30.1%。这说明权威的暗示对孩子的记忆力的影响很大。

班主任在教育孩子的过程中，巧妙地利用暗示策略，可以收到意想不到的效果。在我担任班主任的班级中，不论什么基础的班级，都会有所提高。很多在初一时成绩平平，甚至落后的孩子，会在中考中考出令人惊讶的成绩。有人问我："你是怎么做到的？"回想教育成功的经验，最让我得意的策略就是暗示策略。

曾经有一个男孩，刚进入初一时，顽皮、好动、爱说是他的特性，班级的扣分，他是最大的"贡献者"。初一上学期期中、期末考试时，成绩只能排在年级的100多名。面对这个孩子，我仔细观察并分析他的状况，发现他的思维反应较快，就是自律能力比较弱。根据这些信息，每次开分析会的时候，我总是说："根据老师的观察、判断和分析，你应该具有进入年级前50名的实力，为什么没实现呢？你可以在学习态度、学习方法上进行自我反思。"自从我这样评价他以后，我发现他的学习状态发生了变化，开始能静下心来与同学讨论问题了。

我抓住这个机会，进一步强化我的观点，在全班同学面前表扬他、鼓励他将这样的学习状态保持下去，先实现进入前50名的目标。在我不断地暗示下，他变得越来越努力，越来越敢于钻研。在初二下学期时，他的名次上升到了年级的60多名，上初三时顺利地实现了目标，进入了年级的前50名，最终，他在中考时考出了理想的成绩，顺利地考取了理想的学校。

这样的成功案例还有很多，说明老师给孩子正面的暗示可以激发孩子的潜能，激发他们学习的热情。因为每个孩子内心深处都是向往成功的，只是由于心理的原因导致他们还不能有效地控制自己的行为。这时，他们需要他人的激励，从而激发他们内在的动力。心理学研究表明，心理暗示是最有效的激励方法。

帮助孩子重塑信心

常言道：信心比黄金更重要。有信心才有力量。信心足，则劲头足、动力足。失去了信心，心态不稳，定力不足，就会自乱阵脚。面对机遇，自信的人会选择前进，不自信的人会选择逃避。所以，自信的人会比不自信的人活得更充实。

初唐杰出诗人陈子昂年轻时，离开老家到洛阳。虽然他才华出众，诗文写得很好，却无人赏识。一天，他花了三千钱的高价从一位老者那里买下一把琴，并对周围的人说："我叫陈子昂，明天早上，我在宣德里为大家演奏此琴，请诸位莅临指教。"第二天一早，来到宣德里听琴的人很多。陈子昂取出琴，猛地一摔，顿时弦断琴裂。正当人们惊异时，陈子昂高声说："我陈子昂从小饱读诗书，熟知经史，不想来到京都屡受冷遇，今日不过是以琴为由，想请各位观看我的诗文。"

说完，从箱中取出一沓诗文稿，分给大家。大家读后，大加赞赏。从此，陈子昂的名字，传遍了洛阳城。陈子昂之所以敢这么做，就是因为他对自己的诗文有信心，他相信是金子在哪里都能够发光。

但是，由于家庭环境与学习环境的特殊性，每个孩子的成长经历是不一样的。有一些孩子从小就受到一些外在的打击使得他们失去了信心，从而产生消极心理。面对这样的孩子，班主任必须千方百计地帮助这些孩子重塑信心，否则后果不堪设想。

在我的班上曾经有一个女孩，给我的感觉是这个女孩有点不一样，面对老师，总是躲躲闪闪，目光整天无神，一脸倦容，作业也不敢交，总像是在害怕什么。我一时也找不到原因，但她给我留下了深刻的印象，我决心利用合适的机会寻找她的问题所在。没想到第二天接到她爸爸的电话，说要约我吃饭，我婉言谢绝，并表示有什么事可以在电话中交流，没想到他急了，在电话的另一端传来了哭声，说一定要与我见面，要谈谈孩子的问题。我马上意识到问题的严重性，于是爽快地答应了他。

从她爸妈的口中，我终于明白了一切。原来，他的爸爸对她的学习特别关心，很在乎她的成绩，从小学开始就经常辅导她的学习，但是由于性子太急，经常在她的面前说一些过激的话，例如，"这么简单的题也不会做""我说得这么清楚，怎么还不会""怎么这么笨"……久而久之，父女的矛盾越来越大，孩子的自信心也受到了严重的打击，孩子一见到爸爸就反感，有意识抵制，她爸爸也意识到了自己的做法有问题，于是与她交流，也向她做自我检讨，并表示以后不再说过激的话，但一到辅导时，情绪又不能自控，碰到一点儿问题，就会发脾气。

长期下来，她形成了严重的心理问题，对学习只有一个字——"怕"，另外，她爸爸和妈妈又感情不和，时常争吵，进一步打击了她对生活的自信心，甚至在小学四年级时就有过轻生的念头。了解到这些，我心里直犯难！我一边安慰他们，一边给出了两条建议：

（1）让孩子的爸爸立即停止对她的辅导，在家里尽量创设轻松的环境。

（2）家校密切配合，千方百计恢复她的自信，消除她心中的阴影。

回到学校，我首先向所有任课教师介绍了这个孩子的情况，并要求老师对她只能表扬，不能批评。我每天找机会与她聊上几句，既有生活的话题，也有学习的话题，总之，时刻向她传达一个信息：老师很关注她，很关心她。对于她的每一点儿进步，我都抓住机会在全班同学面前加以表扬，在我的课堂设计中，凡是有人名的情景问题，都添上她的名字，让她有一种受重视的感觉。在军训的一个星期里，我每天重点阅读她写的日记，分析她的心理状态。利用巡视的机会走近她的身边，询问她的情况。编排座位时，我会安排一名性格温和、热心、爱帮助他人的同学与她做同桌，帮助她学习。这

些就是让她感觉爱的存在的方法。

经过一段时间，我发现她有了变化，上课开始主动发言了，下课也敢主动向我靠近了，并能询问有关问题了，脸上也有了笑容，与同学的交流也很融洽，数学考试成绩也由60多分逐渐上升到92分。更令我高兴的是，在她的评价手册的"本学期最难忘的事件"一栏中，她写下了"本学期得到老师的关心"的语言。看到她的变化，我真替她高兴，也为她自豪。这个案例说明：只有爱才是孩子心灵的保护神，才能让孩子重塑信心。

巧用幽默式批评

现在的孩子由于生活环境的优越，接触的信息多了，性格也开放、活泼、大胆了，常常会有很多比较大胆的举动。但他们的心却是敏感而脆弱的，经不起严厉的打击。如果老师处理不当就会伤害孩子的自尊心。但孩子犯错又不能置之不理，怎么办呢？巧用幽默式批评是一个非常好的策略。

在邮局大厅内，一位老太太走到一个工作人员面前，非常客气地说："先生，请帮我在明信片上写上地址好吗？"这位工作人员当时很忙，但又不好拒绝，于是匆忙地为老太太写好了明信片。"谢谢！"老太太又说，"请再帮我写上一句话，好吗？"工作人员不耐烦地问："您还要写什么啊？"老太太看着明信片，说："帮我在下面再加一句，'字迹潦草，敬请原谅'。"工作人员先是一愣，然后笑着解释说："对不起，阿姨，我工作实在太忙了。我现在再帮您重新写一张吧！"

这位老太太用一句幽默的话，不仅批评了工作人员的工作态度不认真，也让他虚心接受了她的批评。这就是用幽默式批评的高明所在。与大声呵斥、声嘶力竭相比，幽默式批评更能让批评的内容深入人心。因为幽默式批评所体现的是一种爱的艺术。通常采用曲意表达、话中暗藏玄机、幽默、自嘲的方法，这是一种甜蜜的激励，也是一种容易令人心服的批评。

一次自习课，有一个调皮的孩子在班级平台上打开视频，全班同学开始观看电影，正看得起劲的时候。有反应快的孩子发现我要来巡视班级，快到教室门口了，只听他高喊一声："华哥来了！"孩子们一见是我来了，立即慌乱了起来，关视频的关视频，回原位的回原位。我却故作镇定地说："干大事者要临危不乱，你们怎么这么慌乱呢？"孩子们都笑了。我接着一本正经地说："只有望风者李同学值得表扬，工作尽职尽责，关键时刻还能准确发出信号，具备侦察员的素质！"孩子们笑得更欢了。用这种幽默的方式立即缓解了师生之间的尴尬气氛，也委婉地批评了孩子们的错误，还让他们感觉很舒服，领略了老师的亲和力和智慧的魅力。

法国大文豪伏尔泰有一个仆人，有些懒惰，而且爱狡辩。有一天，伏尔泰让仆人把鞋拿过来。鞋子拿来了，但布满泥污。伏尔泰有几分生气地问："你早晨怎么不把它擦干净呢？""用不着擦干净啊，路上到处是泥污，即使您穿的鞋再干净，两个小时以后，它又要和现在的一样脏了。"仆人狡辩道。伏尔泰见仆人不接受他的批评，就没有讲话，微笑着走出门去。这时，仆人赶忙追上他，说："您慢走，钥匙呢？厨房的钥匙给我啊！我还要吃午饭呢！"原来，伏尔泰家的厨房锁着，而钥匙放在他身上。"我的朋友，还吃什么午饭。反正两小时以后你又将和现在一样饿嘛！"伏尔泰笑着对仆人说。仆人立即脸红了，向伏尔泰道歉认错，请求其原谅。

伏尔泰巧用幽默的话语，批评了仆人的懒惰，让其认识到错误。如果他厉声呵斥，命令他，那就不会有这么好的效果了，因为那个仆人不仅不会心服口服地接受，还可能接着狡辩。而采用幽默式批评却可以在不动声色中起到事半功倍的效果。

当然，这种幽默批评的"艺术"并不是所有人都能够做到恰到好处的。幽默感并非天生，它是一种可以培养的"艺术"。

首先，要善于妙用字词。处于难堪或苦闷的境地时，妙用字词自我解嘲可以迅速化解难堪并减轻心理压力。

宋代大理寺丞石延年，精通诗文，人称"石学士"。有一次，石延年骑马出巡，马夫一时疏忽，让马受了惊，一下子把他颠到地上。侍从慌忙扶起他，马夫吓得跪地连称"该死"，街上闲人也围拢过来看热闹。只见石延年拍了拍身上的土，笑着对马夫说："多亏我是'石'学士，要是'瓦'学士，岂不要摔得粉碎了？"石延年巧妙地以自己的姓氏开玩笑，话语中暗含善意的批评，顿时紧张场面变得轻松，可见他反应灵敏，胸怀宽广。

其次，要学会夸张。夸张造成的幽默效果非同寻常，给人以新异之感，趣味盎然。

一次，马克·吐温乘火车外出，火车开得非常慢。乘务员查票时，马克·吐温干脆递给他一张儿童票。乘务员说："真有意思，我看不出您还是一个孩子呢！"马克·吐温答道："现在我已不是孩子了，但买票上车时是的。"生活里火车速度再慢，也不可能出现马克·吐温所说的情况，此举正是幽默地暗讽火车开得太慢了。正因为夸张达到了极限，远远超出了现实，才会有奇妙无比的趣味性。

最后，要学会暗示。暗示，即不正面揭示某种事理，而让听者自己去体会弦外之音。如果不赞成对方的言谈举止，又不想直接说出来，采用此法是很有效的。

有一位钢琴师和作曲家雷格夸耀自己最近演奏水平提高了，接着又谈到自己购买了一架钢琴，想在上面摆个音乐家的雕像，他问："你说买莫扎特的好呢，还是贝多芬的好？"雷格并不认可这个钢琴家的才能，但又不便直接批评，于是答道："我看还是买贝多芬的吧！他是聋人。"雷格用钢琴家的特点做文章，巧妙暗示对方的音乐水准太差了，表意含蓄。由此可见，暗示讲究旁敲侧击，是一种需要高智慧的幽默技巧。

只要你在日常生活中多留心、多观察、多分析，培养自己的洞察力、语言组织能力、与人沟通的能力，培养自己轻松幽默的心态和思维方式，就一定能够慢慢地掌握这门"艺术"。

正确对待孩子的错误

初中生的年龄约为12～15岁，在其身心发展过程中属于青春期，但同时也有人称之为"断乳期""危险期""反抗期""躁动期""人生峡谷期"等，这一时期是个充满矛盾与困惑的时期。随着生理的发育，心理也会产生一系列变化。

他们的自我意识增强、成人感出现；独立性增强，叛逆心理出现；情感丰富但不稳定，自控能力弱；伴随交友范围的扩大，孩子对异性也会表现出好感。根据这些心理特征，这个时期的孩子犯错是家常便饭。那么，如何对待犯错的孩子呢？

首先，要树立正确的错误观，平静地对待孩子所犯的错误

英国政治家、哲学家、小说家威廉·葛德文在《人性的本质》一书中说：人类是有理性的动物，正是这一点让他们同其他野蛮动物区分开来。但除此之外，人类的本性还有另外一面……有时候人类会放弃理性的拐杖，去做某些错误奇怪的事情。"孩子犯错，可能正是这个原因！回想人的成长历程，有几人能拍着胸脯说"我从没犯过错"呢？

由于遗传基因、家庭环境、学校教育和孩子个人成长经历等因素的不同，孩子的个性习惯也不同。尤其是单亲家庭或重组的家庭，有些孩子因缺乏安全感，情绪暴躁，甚至敌视社会；有些小学生成绩不好，饱受老师、父母的批评，因长期压抑使他们产生逃避学习、与老师及父母对立的情绪等。这些复杂情况加上孩子进入叛逆年龄，孩子出现厌学，经常与同学冲突，甚至敌视老师，故意与老师对着干的问题便不足为奇。

作为老师，要想带好这部分孩子，就必须正视这部分孩子的现状，付出更多的耐心、爱心，平静地面对他们犯错的事实。

其次，要明白孩子犯错未必不是一件好事

犯错是最好的学习，所谓"吃一堑，长一智"就是这个道理。两千多年前的孟子说过："人恒过，然后能改。"

美国哈佛大学教育研究院的心理发展学家霍华德加德纳，根据对人体大脑的研究提出"多元智能理论"。他认为，每个人都拥有八种主要智能：语言智能、逻辑——数理智能、空间智能、运动智能、音乐智能、人际交往智能、内省智能、自然观察智能。每个人都有一两种较突出的智能，这些智能的发展通常可以给个体带来成就感，很多时候它们成为促进个体成功的重要因素。随着高等教育的普及，一个人的成功不仅需要较高的语言智能和逻辑——数理智能，还需具备其他智能，也就是我们常说的非智力因素的智能，其中人际交往智能、内省智能越来越重要，而这两种智能往往是孩子犯错后在反省中改正错误的过程中培养出来的。

波普尔"试错渐进"理论认为：就整个生物界来说，较好地完成试探与纠错过程的物种能够生存下来，而不能完成试探与纠错过程的物种就会逐步被淘汰。波普尔提出一个著名的口号："从错误中学习。"每个人成长阅历的积累与他经历错误和纠正错误有着密切联系，犯错并改错的经历促使个体从不成熟走向成熟。

因为犯错而造就成功的故事很多。宋朝大文学家苏东坡，是翰林院学士，人们都称他为苏学士。苏东坡才华横溢，文章写得好，诗词也作得好。但知识再丰富的人也不可能知天下事，所以，他有时候也难免出点差错。

有一天，苏东坡拜见当朝宰相王安石。相府仆人把他领进王安石的书房，说是宰相大人外出办事，马上回来，请苏学士用茶稍候。等了一会儿，主人还不回来，苏东坡便信步走到书桌旁，见桌上摊着一首咏菊诗。这首诗没有写完，只写了两句："昨夜西风过园林，吹落黄花满地金。"苏东坡看了，心里不由暗暗好笑起来："西风"明明是秋风，"黄花"就是菊花，而

菊花从来就敢于顶风傲霜，说西风"吹落黄花满地金"，岂不是大错特错了？想到这里，苏东坡诗兴大发，不能克制，就提笔蘸墨，信手续写了两句："秋花不比春花落，说与诗人仔细吟。"苏东坡搁下毛笔，又待了一会，见主人还不回来，便起身告辞了。

王安石回家后，到书房见了苏东坡的那两句话，只是摇了摇头，并不与苏东坡计较。后来苏东坡被贬至黄州去当团练副使。苏东坡在黄州住了将近一年。到了九九重阳天气，一连刮了几日大风。一天，风停歇后，苏东坡邀请几个好友到郊外赏菊。只见菊园中落英缤纷，满地铺金，一派西风萧瑟的景象。这时，苏东坡猛然想起给王安石续诗的事情来，不禁目瞪口呆，半晌说不出话来。他恍然悔悟到自己过去闹了笑话，连忙提笔给王安石写信认错。

最后，老师要适时加以引导，引导孩子正视错误

初中阶段是个体发展的重要时期，这时的孩子还不成熟，犯一些错误在所难免。既然成长阅历要通过亲身尝试，在犯错、改错中不断丰富，那么，当孩子犯错时，老师应多些理解和包容，帮助孩子反思并改正错误，更好地促进孩子的心理健康发展。

鼓励孩子拥有一颗阳光的心

现在的孩子在生活中会面临很多的挑战，如学习、人际交往等。在挑战的过程中，可能成功，也可能失败。当失败时，如何在逆境中成长呢？拥有一颗阳光的心是非常重要的。

有这样一个故事：

从前，有个秀才进京赶考，考试前一晚却做了两个梦。第一个梦是自己在高墙上种白菜，第二个梦是自己在下雨天里戴着斗笠，而且还打着伞。醒来后他觉得这两个梦都暗藏深意，便找了个算命先生解梦。秀才把梦和算命先生说了一番后，算命先生摇了摇头说："你还是回家去吧。你想，在高墙上种白菜不就意味着白忙活吗？下雨天既戴斗笠又打伞不是明摆着多此一举吗？"秀才听后心灰意冷，于是回店里收拾衣服准备回家。

店老板见此觉得奇怪，便问："你回家难道不准备考试了？"秀才便把做的梦和算命先生解梦的经过和店老板如实说了。店老板一听乐了，说："我也会解梦。我倒觉得你一定要留下来参加考试。你想啊，在高墙上种白菜不是指'高中'吗？下雨天戴斗笠又打伞不是说明你准备充分，有备无患吗？"秀才一听觉得更有道理，于是留下来参加了考试，结果真的高中了。

这个故事启示大家任何事情都有两面性，关键是看当事者以怎样的心态面对它，积极的心态创造人生，消极的心态消耗人生。积极的心态像太阳，

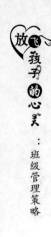
照到哪里哪里亮；消极的心态像月亮，初一、十五不一样。这就是阳光心态带来的好处。那么，如何让孩子阳光起来呢？

首先，班主任要以身作则，时刻充满阳光，心胸宽广，坦荡磊落。要时刻向孩子传递一种信号，任何困难都是可以解决的，没有过不去的坎。任何问题到了班主任这里总是迎刃而解。不要在孩子面前表露任何负面的情绪，尤其是不能把生活上的不快乐带到工作中，不能把不良情绪传递给孩子。

其次，班主任一定要引导孩子积极地看待每一个问题，突出正能量的一面，淡化负能量的一面。拿破仑曾说："人与人之间只有很小的差异，但是这种很小的差异却可以造成巨大的差异。很小的差异，即积极的心态与消极的心态，巨大的差异就是成功和失败。"事实就是这样，成功和失败之间的区别在于心态的差异，即成功者有意放大积极的一面，失败者总是沉迷消极的一面。

要引导孩子乐观地学习。让他们明白，每天面带微笑地面对人和事，你会发现一切都是美好的。你给他人三分阳光，别人就会回馈你七分快乐。当一个人改变对事物的看法时，事物和其他人对他来说就会发生改变。

如果一个人把他的思想指向光明，他的生活就会变得光明。思想对人的禁锢超过监狱，人往往是自我设限，用一个虚构的笼子罩住了自己，需要自己跳出笼子或者别人打破笼子才能够出来。

最后，班主任要引导孩子学会缓解压力的方法，如大吼几声，将压力发泄出来；将自己心中的不满向家人或好朋友倾诉；开怀大笑，消除精神压力；还可以有意识地放慢节奏；不要责备自己；勇敢地面对现实，承认自己的不足；适量的运动可以起到解压的作用。

班主任应该让学生知道，当今社会，是个渴望成功的时代，每个人都希望自己能够成为成功者，但并不是每个人都能取得成功，成功者不只是因为他们具有超越常人的才华，更重要的是他们具备成为成功者的心态。积极的心态有助于人们克服困难，即使遇到挫折与坎坷，依然能保持乐观的心态，保持必胜的斗志。身处这个多变的时代，我们唯一能控制的就是自己的心态。

股神巴菲特曾经说过这样一句话："任何人都有能力做到我所做的一

切，甚至超越我，但实际上有的人能做到，有的人做不到。"那些做不到的人并不是世界不允许他们成为巴菲特，而是他们自身的原因，这个原因就是个人心态。人与人之间原本只有很小的差异，但这个很小的差异却造成了巨大的落差。这个很小的差异就是他们的心态是积极的还是消极的。巨大的落差就是成功与失败之间的落差。

想动怒时学会深呼吸

由于孩子年少无知，可能有很多不可思议的举动。不管老师如何苦口婆心，有些孩子还会反复犯错。甚至有些孩子以恶作剧为乐，遇到这些情况，作为班主任不生气那是假的，班主任也是普通人，也有情绪的变化，但是理智告诉我们，班主任不能生气，要学会深呼吸，要努力让自己的情绪平静下来，想办法解决问题才是上策。否则很容易将事情处理得更糟。

首先，动怒不利于身体健康

情绪波动大对心血管影响很大。通常，我们把容易生气、脾气急躁的这类人称为A型性格。这个模式的人通常表现为：个性强、竞争意识强烈、固执、好争辩、说话带有挑衅性、急躁、好冲动、说话大声、做事快、总是匆匆忙忙、具有攻击性等。国外研究发现，因为情绪的影响，A型性格的人的心脏很容易出现问题，易患上动脉硬化、高血压等疾病。在国际心肺及血液病上，也确认了A型性格是引起冠心病的一个重要的危险因素。也就是说，冠心病和我们通常说的"急性子"有密切关系。所以，比较容易情绪激动、火气大的人要学会调整好自己的情绪，控制好心态，这是保护好心脏的重要手段。

其次，容易伤害师生之间的感情

因为生气时，情绪很容易失控，从而造成自制力与判断力的下降。在这种情况下，老师往往会对孩子说出一些过激的话，也可能对孩子做出错误的判断。错误的结论、过火的批评对孩子伤害很大。于是，师生之间就会产生情感缝隙。而且这种情感的缝隙是很难弥补的，很可能成为孩子或老师记忆中永恒的伤痛。

有这样一个案例：

一位年轻班主任的班上转来一个外地男孩，各科任教师不断反映，这个男孩上课总是违反纪律，自己不努力学习，还经常影响别的同学。有一次，他因为没完成作业，被罚抄一篇课文。放学时，他趁语文老师不注意，就逃跑了。

这位班主任得到这个消息时很生气，第二天一早便找到他，狠狠地训斥了这个孩子，并且让他保证以后不再犯同样的错误。孩子看到老师生气了，马上承认了错误，并且保证以后不再犯了。几天后，他的毛病又犯了。这次班主任又狠狠地教训了他一顿，第二天，他不但没来学校，还跟社会上的几个朋友出去玩了。家长来到学校质问班主任，并且找到校长大闹一番。这位班主任本以为通过训斥男孩可以达到教育的目的，结果却事与愿违，造成了这种不良局面，这件事成了他教育生涯中惨痛的教训。

苏联著名教育家马卡连柯说："不能控制自己情绪的人，不能成为好教师。"为了孩子，也为了自己，教师必须要控制自己的情绪，少发火，最好不发火，以建立新型的师生关系。在强调孩子要尊重教师的同时，教师也要尊重孩子，给予孩子无微不至的关怀，真心诚意地帮助他们不断进步。这种教育方法可以加强师生之间的情感交流，充分保护孩子的自尊心，从而激发孩子的进取心。

最后，教师动怒会给孩子树立不好的榜样，也有损教师的形象

研究表明，容易生气的班主任带出的孩子也容易暴躁，同学之间很容易发生纠纷。因为教师把不良情绪传递给了孩子。

总之，班主任对待违规的孩子要有耐心，不要动怒，想动怒时学会深呼吸。脾气急躁的人，要从日常生活中的点滴小事做起，有意识地磨炼自己的耐性，用行为逐渐改变性格。想发火的时候，不妨先做深呼吸，数"一、二、三"，让自己平静下来。

跳出"刻板效应"的怪圈

"刻板效应",又称"刻板印象",它是指对某个群体产生一种固定的看法和评价,并对属于该群体的个人也给予这一看法和评价。"刻板印象"虽然可以在一定范围内进行判断,不用探索信息就能迅速洞悉概况,节省时间与精力,但是往往可能会形成偏见,从而忽略个体差异性;人们往往把某个具体的人或事看作是某类人或事的典型代表,把对某类人或事的评价视为对某个人或事的评价。例如,老年人是保守的,年轻人是爱冲动的;北方人是豪爽的,南方人是善于经商的;英国人是保守的,美国人是热情的;农民是质朴的,商人是精明的;等等。

阿西莫夫是美籍俄国人,世界著名的科普作家,他一生中共撰写了400余部书。阿西莫夫从小就很聪明,年轻时多次参加"智商测试",得分总在160左右,属于天赋极高之人。他也为此一直洋洋得意。

有一次,他遇到一位老熟人,是位汽车修理工。汽车修理工想和他开个玩笑,于是汽车修理工对他说:"嗨,博士,我来考考你的智力,出一道题,看你能不能答对,我打赌这道题你肯定在10秒钟内答不出来,信不信?要不要试一试?"阿西莫夫从来不怀疑自己的智商和反应能力,于是就同意了。修理工便开始说题:有一个聋哑人,想买几个钉子,可是他说不出话,不知道该怎么表达。于是他慢吞吞地来到五金商店,终于想到了一个好主意。他对售货员做了这样一个手势：左手食指立在柜台上，右手握拳做出敲击的样子。售货员见状，先给他拿来一把锤子。聋哑人摇摇头。于是售货员明白了，他想买的是钉子。聋哑人满意地离开了。

"聋哑人买好钉子走出商店，接着进来一位盲人。这位盲人想买一把剪刀，你说这个盲人将怎么做？"阿西莫夫顺口答："盲人肯定是这样，他伸出食指和中指，做出剪刀的形状。"说着，还伸出自己的手模仿动作。

听到回答，汽车修理工哈哈大笑起来："你答错了。盲人想买剪刀只需要说我想买把剪刀就可以了，为什么要做手势呢？"智商160的阿西莫夫只得承认自己回答得很愚蠢。

这个故事说明，思维定式会束缚人的思维，使思维按照固有的路径展开。班主任在对待孩子时，也很容易犯"刻板效应"的错误。我的班上曾经有一个男孩，平时喜欢在教室里打闹，有时由于奔跑会把其他同学的课桌碰倒，这种情况我曾亲眼看到过，也对他进行过劝导。

有一次，我去班上上课，走上讲台的时候，看到他正拿一把扫帚在扫地上的垃圾。我顿时就对他说："是不是又在教室里疯闹啦！"可是他转过身来一脸无辜地对我说："老师，我是在做义工。"其他同学也立即帮他澄清，原来是别人不小心把垃圾弄到地上的，他确实是在做好事。于是，我意识到错怪他了，立即采取弥补措施，对他说："哦，是这样啊，那值得表扬！"

我之所以会犯这种错误，就是因为"刻板效应"惹的祸。所以，为了防止这种现象发生，班主任在工作时一定不要贸然给孩子的行为下结论、扣帽子。常言道："眼见为实。"况且有时眼见也未必就为实。

孔子的一名学生在煮粥时，发现有肮脏的东西掉进锅里去了。他连忙用汤匙把沾了脏东西的粥捞起来，正想把它倒掉时，忽然想到，粮食都来之不易，于是便把它吃了。刚巧孔子路过厨房，以为他在偷食，便在吃饭时教训了那名负责煮粥的学生。学生经过解释，大家才恍然大悟。孔子很感慨地说："我亲眼看见的事情也不一定是真的，何况是道听途说呢？"

班主任防止"刻板效应"的最佳办法就是，要学会用发展的眼光看待孩子，不能用一成不变的观点去对待人和事。

用发展的眼光看待孩子，就是要以一种动态的眼光关注孩子。中国有句

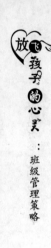

古话："士别三日，当刮目相待。"维果茨基也说过："我们不应盯着儿童发展的昨天，而应该盯着儿童发展的明天。"

用发展的眼光看待孩子，就要以一种独特的眼光来看待孩子的个性。因为每一个孩子的智力水平、认知水平、生活环境、兴趣爱好等方面都是不同的。教师不能用机械的、凝固的、静止的眼光看待孩子，应当尊重孩子的个体差异。

用发展的眼光看待孩子就应相信每个孩子都是有能力的人。班主任要挖掘每一个孩子的潜能，给予充分的肯定。班主任要努力寻找和发现孩子身上的闪光点，发现并发展孩子的潜能。要有"有教无类"的精神，将自己置身于春天的花园，这样看到的才是片片都让人满意的叶子。

发现孩子的美

发现孩子的美，也就是要尊重每一个孩子。尊重是一种修养、一种品格，人要学会尊重，作为班主任，更要学会尊重。因为尊重是教育的前提，是班主任一切活动的基础。我们知道，只有尊重别人的人才会受到别人的尊重。只有尊重孩子的老师，才会受到孩子的尊重，才会让孩子接受你的教育，你的教育才会有效。

有这样一个哲理故事：

有一只蚂蚁被风刮落到池塘里，危在旦夕之时，树上的鸽子看到这一情景，忙将叶子丢进池塘。蚂蚁爬上了叶子，叶子漂到池边，蚂蚁得救了。蚂蚁很感激鸽子的救命之恩。过了一段时间，蚂蚁看到有位猎人用枪瞄准了树上的鸽子，但鸽子却没有察觉。就在猎人开枪之际，蚂蚁爬上了猎人的脚，狠狠地咬了猎人一口。猎人一痛之下，子弹打歪了，鸽子逃过一劫，蚂蚁报了鸽子的救命之恩。可见，小蚂蚁也可以在关键时刻帮上大忙！

动物世界是这样，人类也是如此，不管一个人的职位高低、身份贵贱、财富多少、能力大小，都有他存在的意义和作用，都是不容忽视的。在日常生活中，人们可能很容易去尊重领导，尊重那些名门望族，尊重那些高高在上的人。可是，却忽视身边的服务行业的人，比如，那些打扫卫生的清洁工、勤杂工等，有的人觉得他们衣着简陋、面容沧桑，根本就不拿正眼瞧他

们，更不用说去尊重他们了，甚至觉得和他们打招呼或说话都有失身份。但是，总有一天，这种人将会为这些势利行为付出代价的。

有一位女士带着孩子去公司，孩子一直流鼻涕，她就拿出纸巾给他擦鼻涕。擦完鼻涕随手便把纸巾丢在了干净的地上。这时，在旁边打扫卫生的老人走过来并把纸巾捡起来放进了垃圾桶。女士又把一张纸丢在地上，老人还是默默地把它捡起来放进垃圾桶里。当女士再次把纸巾丢在地上时，老人依然把它放进垃圾桶里面。

可这位女士瞥了一眼老人后对儿子说："如果你不努力学习的话，长大后找不到工作就像那个人一样，要干这些肮脏的活儿，被人瞧不起！"老人这时候走过来，说："这里是某某公司，只有公司职工才可以进来，请问您是怎么进来的？"女士很自豪地说："我就是公司营销部的经理！"老人听了，拿出手机拨了一个电话，随后便出现一位青年，老人说："我建议你重新考虑一下营销部经理的人选是否合适。"青年尊敬地回答："好的，我会慎重考虑您的建议的。"

原来，那个打扫卫生的老人是公司的总裁！女士为此后悔不已，而老人蹲下来，微笑着对孩子说："孩子，人不光要懂得好好学习，更重要的是要懂得尊重你身边的每一个人！"

以上两则故事充分说明了尊重的意义。作为班主任更要深刻地体会尊重的含义。因为只有尊重才能建立起师生友谊的桥梁，才能化解师生的矛盾，才能构建文明和谐的班级。苏霍姆林斯基有这么一个观点："儿童的尊严是人类最敏感的角落，保护儿童的自尊心就是保护儿童前进的潜在力量。"站在我们面前的孩子，不论"优""差"，都是权利主体，都有权得到尊重和爱护。尊重孩子，不仅体现了"以人为本""人人平等"的理念，也可以让班主任更好地开展班级工作。

班主任在平时的工作中，很容易重视表现优秀的"优等生"，但也容易忽略那些表现不那么优秀的"后进生"。表扬优秀生容易做到，但表扬"后进生"不是所有的班主任都能做到的。其实，"后进生"也同样需要得到老师的尊重。

研究表明，"后进生"具有两面性，他们既有自卑感，又有逆反心理。例如，"后进生"从表面看很散漫无拘，内心却痛苦自卑；表面上对所犯错误满不在乎，心里却悔恨自责；即使有悔改之意，但表面上也要装出若无其事的样子。要转化"后进生"并消除其反常的心理，就必须尊重他们，以唤起他们的自责和悔恨，使其从痛苦和自卑中解脱出来，增强其纠正错误的动力，促使其积极上进。

尊重孩子，就要做到以下几点：首先，要理解、信任和关心他们，发现孩子的"美"。看到孩子的优点和长处，要及时给予表扬和鼓励，树立他们的自信心，对其学习和生活中的困难要给予真诚的关怀和帮助，从而触动他们的心灵。其次，要承认个体差异，要明白"后进生"的身上也有其闪光点。世界上没有完全相同的两片叶子，孩子也是如此，由于遗传、性格、环境、生活习惯等因素的影响，在孩子身上存在很多差异。有的听话懂事，有的倔强顽皮，有的聪明伶俐，有的反应迟钝……所以，要用平常心对待每一个孩子。

总之，孩子是有思想的，心灵是脆弱的。他们不仅需要得到别人的理解、关心，更需要得到老师的呵护与鼓励。

倾听孩子的心

做班主任多年，经常有家长向我诉苦："现在的孩子太难管了，脾气大，我说什么都不听。"为什么会这么难管呢？究其原因是家长没有或不会倾听孩子的心。作为老师和家长，学会倾听是很重要的一件事情。苏霍姆林斯基说："教育艺术的基础在于教师能够在多种程度上理解和感受孩子的内心世界。"

有这样一个故事：

有位妈妈的声带上长了结节，医生强迫她噤声，至少10天不许说话。回到家里，放学后的儿子进门就嚷："我恨老师！再也不去学校了！"

如果平时听到儿子这么说，妈妈一定会严厉地训斥他。但是，这一次她没有这样做，因为她不能讲话。

气愤的儿子趴在母亲的膝盖上，伤心地哭着说："妈妈，今天老师叫我们写一篇作文，我拼错了一个字，老师就嘲笑我，结果同学们都笑我，真没面子！"

妈妈依然没有说话，只是搂着伤心的儿子。儿子沉默了几分钟，从妈妈怀中站了起来，平静地说："我要去公园了，同学们还等着我呢，谢谢您听我说这些事。"

由于噤声这个特殊原因，这位母亲体会到了"倾听"在亲子沟通中的意义。许多时候，孩子并不需要父母的指导和教训，他们需要的是有人倾听他们的诉说，理解他们的感受。他们需要在受伤、沮丧、愤怒或者兴奋的时候，有人能和他们一起分担或分享。

实际上，现在的父母与孩子之间，都是父母"说"得多，"听"得少。都是由父母发号施令，要求孩子应该做什么，不应该做什么。没有给孩子倾诉的机会——他们心里是怎么想的，有什么需求。每当孩子想要寻找倾诉对象的时候，却得到一番数落或一番说教，如此这般，孩子怎么愿意与父母沟通？

班主任与孩子交往的时候也是一样，也需要认真倾听孩子的心声。而不能把自己的主观意愿强加给孩子，让孩子一味地按照老师的指令去完成任务。但怎样倾听孩子的心声呢？

倾听是一门艺术。第一，老师要创造倾诉的条件，包括时间、地点和方式。老师还要创造可以倾诉的氛围，孩子只有在轻松的氛围中才会吐露心声。第二，老师要充分利用肢体语言向孩子表明你是很真诚、很认真地在听他倾诉。要在行动、语言、心理上支持孩子倾诉；在孩子倾诉的过程中，要耐心听孩子说出事情经过，明白孩子的烦恼所在；如果某些孩子不愿用语言倾诉，也可以采用书信的方式与孩子交流。古今中外，许多名人常用书信进行交流。比如，《曾国藩家书》《傅雷家书》《奥巴马给女儿的信》《一位父亲写给新入大学女儿的九条忠告》等。书信交流与面对面交流相比，有其独特的优势，西方有一句哲理："纸比人更有耐心。"这是说书信交流有面对面交流代替不了的功能。书信交流更从容，写信时你有时间思考，可以避免面对面交流时的不良情绪。同时，老师还要学会用眼神与孩子进行交流。

有这样一个故事：

93岁高龄的日本儿科医生内藤寿七郎先生，也是一位著名的教育家。爱哭闹的孩子只要一见到内藤博士就会停止哭泣。

有一天，一位妈妈带着两岁的儿子前来找内藤先生看病。妈妈说："一升装的牛奶，这孩子一口气就能喝光。因为喝牛奶超量患了牛奶癣，皮肤刺痒睡不着觉，举止焦躁不安。"内藤先生不慌不忙地将白大褂脱下，然后跪在那个男孩面前，看着对方的眼睛温和地问："你喜欢喝牛奶吗？"男孩点点头。内藤先生仍然目不转睛地看着他说："如果不让你喝你特别喜欢喝的牛奶，你能忍得住吗？"男孩显出一副烦躁和不满的神色，并把脸扭向一边。

内藤先生跟着转到孩子面前蹲下身子说："你可以不喝牛奶的，是吗？"不管男孩怎样不耐烦，拒绝回答，内藤先生的目光一直充满着信赖，口气也十分诚恳。终于，男孩轻轻地点了点头。

奇迹发生了。男孩回家后不喝牛奶了，湿疹症状很快消失了。一年半以后，他的母亲认为他可以少喝点儿牛奶了，可男孩说："医生说能喝我才喝。"母亲只好再请内藤先生来帮忙。这一次，内藤先生仍然看着男孩的眼睛，微笑着说："你现在可以放心地喝牛奶了。"从那天起，男孩真的又开始喝牛奶了。

这个故事告诉我们，眼神交流在交流中十分重要，因为眼睛是心灵的窗户。每一个眼神都是人内心感受的表露，很容易被别人察觉。眼神可以表达赞赏和赞同，也可以表示批评和拒绝；眼神可以表达友善，也可以表达厌恶；眼神可以显露欢快和安慰，也可以显露忧伤和低落；眼神可以是慈祥、温和的，也可以是严厉、冷峻的。

老师倾听孩子时，要多用鼓励和欣赏的眼神，多用友善、关爱、信任的眼神，要让孩子切实感受到老师的真诚，这样，孩子才会向老师吐露心声。

杜绝"边缘学生"的产生

做班主任总会遇到一些"边缘学生"。如果班主任不重视这些学生，或对他们采取的教育方法不当，他们就有可能走向危险的境地。那么，什么是"边缘学生"呢？

目前，对"边缘学生"的概念并未形成统一的认识，经过查阅相关文献，大致有以下几种定义：

（1）美国学者威廉斯认为："'边缘学生'有五个标准：智商低、学习成绩差、父母的职业不是专门的职业、父亲没有中学毕业、母亲没有中学毕业。"

（2）我国学者范国睿指出："'边缘学生'一般指那些缺乏促进学业成功能力的学生，也指那些在学校生活中处于不利地位的学生。"

（3）我国学者陈广正认为："'边缘学生'是指那些性格孤僻、价值观偏激、远离集体、喜欢冷漠、独处的边缘个体。"

尽管各自的表述不同，侧重点存在差异，但通过分析不难发现，这类学生的共性是：学习成绩差，思维方式、价值取向及行为习惯脱离学校生活主流群体，有一定程度的心理问题，易被教师和同学主流群体所忽视，游离于班集体之外，等等。

导致"边缘学生"的出现主要因素有：家庭因素、社会因素、学校因素、自身因素。曾有人形象地把自身因素比喻成"边缘学生"形成的原材

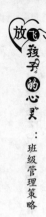

料，家庭因素和社会因素是催化剂，学校成了"边缘学生"的成品加工厂。这种说法不全对，但"边缘学生"的产生与家庭、社会、学校都有密不可分的关系。

家庭是孩子的第一所学校，家长是孩子的第一任老师，家庭教育的影响对孩子的个性发展和心理健康有十分重要的作用。有些家长在教育孩子时歧视、打骂或者冷漠对待孩子，他们的教育方式简单粗暴，使孩子形成虚伪、虚荣、懦弱、残暴等不良性格。有些家长溺爱、娇宠、过分顺从孩子，使得孩子表现出任性、自负、以自我为中心、好发脾气等特点。有些家长过分挑剔、对人苛求，孩子往往会表现出情绪紧张、自信心不足等问题；有些家长认为只要是为了孩子好，怎样教育孩子都行，所以有时会对孩子采取一些简单、生硬的办法，根本不考虑孩子的感受。然而这样做的结果常常事与愿违。

有些家庭，因父母离异而导致结构不完整，造成孩子孤僻、冷淡、粗暴、内向等；有些家庭，因家庭关系紧张，父母长期争吵，也给孩子的心理蒙上了阴影。

在学校，教师容易受"刻板印象"的影响。比如，在教师的印象里，那些学习成绩好、遵守纪律、听话、讲卫生、不惹是生非、能按时完成作业的孩子就是好孩子；那些学习成绩差、贪玩、好动、行为习惯异常的孩子自然而然成了教师眼里的问题孩子，而这类孩子很容易被忽视、被冷落。这是一种典型的教师认知、思维、价值观模式化、定型化现象。受"定型化效应"的影响，教师自然而然地偏向那些好孩子，将有限的教育资源配置给这类孩子，这也就隐性地剥夺了那些问题孩子平等受教育的机会，使之走向边缘化，最终成为"边缘学生"。另外，受功利思想的影响，很多教师为了获得学校和同事的认可，赢得荣誉和相关福利，体现自己的价值，不得不把更多的精力和情感投入到那些成绩优异、表现良好的孩子身上，而对那些学习成绩差、行为习惯异常、表现落后的孩子缺乏关注。这些孩子的自尊心、自信心及心理需求得不到满足，自我价值感降低，久而久之，他们便游离于集体之外，最终成为"边缘学生"。

根据马斯洛需求层次理论，人的需要有五种：生理的需要、安全的需要、归属感与爱的需要、尊重的需要、自我实现的需要。这些需要满足了，才会产生更高层次的需要。当孩子的情感、尊重等需要缺失时，经过长期的积累，会导致孩子出现无心向学、行为异常、性格孤僻、价值观偏激等一系列问题，最终使孩子沦为"边缘学生"。

法国学者萨特说过："我们说存在先于本质的意思指什么？意思就是说首先有人，人碰上自己，在世界上涌现出来——然后才给自己下定义。"存在先于本质，并没有哪个孩子本质上就是"边缘学生"，都是在后天的环境中渐渐形成的。这说明"边缘学生"是可以采取有效措施进行转化的。那么，如何杜绝"边缘学生"的产生呢？

首先，要改变家庭环境，创造一个和谐的氛围，家长要加强学习，提升自己的素质，要改变自己的教育方式，多给孩子温暖，学会与孩子交流，多考虑孩子的感受，多了解孩子的内心世界。

其次，教师要走出定型化效应的"怪圈"，要认识到自身惯性思维的存在，自己对孩子的看法不要被这种思维所左右。成绩好、听话的孩子值得表扬，而那些成绩差、贪玩、好动、行为习惯异常的孩子身上也存在着闪光点，他们更值得关注。教师要摒弃旧的思维习惯，尝试从新的角度来看待事物，用新的方法来处理问题。

最后，教师应给予那些"边缘学生"更多的爱和关注，尊重他们的自尊心，欣赏他们的差异，给他们创造进步的机会，帮他们找回自信，肯定他们的价值。"边缘学生"处在危险的边缘，需要有人将他们重新拉回正轨，这时候，教师教育者的角色尤其重要。

夸美纽斯说过："人的精神生命中最本质的需要就是渴望得到赏识。"赏识孩子的优点和长处、赏识孩子的个性、赏识孩子的进步，只有这种充满人情味、富有生命力的赏识，才会使孩子感受到爱、感觉到自己并不是一个孤独的个体，尤其是对那些已经沦为"边缘学生"的孩子，我们教育者更应该赏识他们的价值，挖掘他们美。

苏霍姆林斯基说过："我们教育工作者的任务就在于让每个儿童看到人的心灵美，珍惜爱护这种美，并用自己的行动使这种美达到应有的高度。"面对"边缘学生"教师要做到不抛弃、不放弃，爱护他们、信任他们、感化他们，并给他们创造有利的机会，让他们承担一定的责任，对他们的进步给予充分的肯定，并及时表扬，这样既能肯定他们的优点，又能培养他们的自信心。

第三章

助力孩子巧妙学习

3

教会孩子管理好时间

两位美国商人去大洋彼岸出差，就算乘坐最快的交通工具——飞机也要一天一夜的时间。

刚上飞机时，第一个人就开始抱怨，这么长的时间不知道如何打发。飞机起飞后，他就显得烦躁不安，一会儿发牢骚，一会儿睡觉，一会儿吃零食，一会儿上厕所，一会儿闲聊，做了这么多事情，没有一件事情能让他安心的。因此，这一天的时间对他来说度日如年。

第二位商人是这样安排他在飞机上的时间的：先花半天的时间阅读，然后吃午餐，稍作休息，接下来花两个小时听音乐，再花一个小时看窗外的风景，顺便思考一些问题，吃了晚餐和同事聊天，探讨一下这次出差的相关问题，最后闭上眼睛休息，一觉醒来飞机已经安然落地。

走出飞机，第一个人"吁"了一口气，终于到了。第二个人却说，"想不到这么快就到了。"有的人让等待有意义，而有的人让等待变成虚度时光。

这个故事告诉我们：合理安排时间的重要性。一个不会管理时间的人总是在浪费时间，一个懂得管理时间的人则会珍惜时间。

时间管理学者杰克·弗纳对时间管理的定义是："有效地应用时间这种资源，以便我们有效地达成个人的重要目标。"需要注意的是，时间管理本身不应该成为一个目标，它只是一个短期内使用的工具。一旦形成习惯，它将会帮助你。一个人之所以成功，合理的时间管理是关键因素。如果我们想要成功，就必须把我们的时间管理工作做好。

但是对于孩子而言，由于年龄问题，他们往往没有时间观念，做事拖拉是常见的事情。有些孩子做作业时总是一会儿看手机、一会儿上厕所。早上起床时，父母催促半天还不起床，总是迟到。

这种现象严重影响学习效率，甚至影响亲子关系，很多家庭就因为孩子没有时间观念经常"爆发战争"。所以，引导孩子增强时间观念，告诉孩子有效的管理时间是一件很重要的事情。

首先，要让孩子明白时间的重要性，以及偷走时间的盗贼是谁

当然，不能靠简单的说教，必须用一些孩子愿意接受的方式。比如，用班会、讲故事、小品等形式，让孩子之间讨论和感受时间的宝贵性。企业管理专家马可·麦西尼曾讲过一个比喻小故事："想象有一个户头，每天存进86400元随意让你使用，不过，每天晚上12点以后，不管你有没有花完，就自动归零，隔天又存入86400元，如此周而复始。"

若这个户头是你的，你会怎么做？一定是想尽办法，充分利用每一元钱，甚至会想办法把这些钱投资成其他资产吧？

事实上，每个人真的有一个这样的户头，只不过存取的不是金钱，而是时间，每天存进86400秒，只能提取，不能增加。现在，你知道该怎么做了吗？

其次，要用一定的规章制度来强化孩子的执行力

有些孩子虽然明白了时间的重要性，但执行时还是敌不过自己的惰性。这种情况就需要一些外在的力量促使其克服这些不良习惯，那就是具有一定惩罚措施的班规制度。做任何事情都要突出时间的重要性，例如，上学、出操、交作业、考试、完成某项活动等，都要事先设定时间，要求在规定的时间内完成。还要帮助孩子提高合理安排时间的能力。合理安排时间的能力包括目标、计划、实施、检查、改进，做到了这几点，学习才会有效果。所谓"一年之计在于春，一日之计在于晨"，每天要做哪些事，做到什么程度，定了量，有了目标，才能制订科学的计划。让孩子知道什么时候写作业，什么时候打篮球……俗话说："凡事预则立，不预则废。"制订计划后才能逐一去完成，一定要让孩子养成"今日事今日毕"的习惯，要让孩子明白守时是一种美德，合理安排时间是一种能力，甚至是一种态度。一定要克服拖延症，

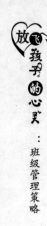

因为"人生有限，拖延有害"。

最后，要进行利用时间的方法指导

例如：

一位教授在给即将毕业的MBA班的学生上最后一次课时。令学生不解的是，讲桌上放着一个大铁桶，旁边还有一堆拳头大小的石块。"我能教给你们的都教了，今天我们做一个小小的测验。"教授把石块一一放进铁桶里。当铁桶里再也装不下一块石头时，教授停了下来。教授问："现在铁桶里是不是再也装不下什么东西了？""是。"学生们回答。"真的吗？"教授问。随后，他不紧不慢地从桌子底下拿出一小桶碎石。他抓起一把碎石，放在已装满石块的铁桶表面，慢慢摇晃，然后又抓起一把碎石……不一会儿，这一小桶碎石全装进铁桶里了。"现在铁桶里是不是再也装不下什么东西了？"教授又问。

"还……可以吧。"有了上一次的经验，学生们变得谨慎了。"没错！"教授一边说，一边从桌子底下拿出一小桶细沙，倒在铁桶的表面。教授慢慢摇晃铁桶。大约半分钟后，铁桶的表面就看不到细沙了。"现在铁桶装满了吗？""还……没有。"学生们虽然这样回答，心里其实是没底的。"没错！"教授看起来很兴奋。这一次，他从桌子底下拿出的是一罐水。他慢慢地把水往铁桶里倒。水罐里的水倒完了，教授抬起头，微笑着问："这个小实验说明了什么？"一名学生马上站起来说："它说明，你的日程表排得再满，你都能挤出时间做更多的事。""有点道理。但你还是没有说到点子上。"

教授顿了顿说："它告诉我们，'如果你不是首先把石块装进铁桶里，那么你就再也没有机会把石块装进铁桶里了，因为铁桶里早已装满了碎石、沙子和水。而当你先把石块装进去，铁桶里会有很多你意想不到的空间来装剩下的东西。'在以后的职业生涯中，你们必须分清什么是石块、碎石、沙子和水，并且能够把石块放在第一位。"

这个故事告诉我们，做事之前都要考虑主次，在分清重要的事与不重要的事之后，如何把重要的事放在第一位就是最重要的了。

总之，训练孩子管理时间要贯穿于教育教学的全过程，要不断强化，时间久了，孩子管理时间的能力自然就提升了。

用目标激励孩子学习

哈佛大学有一个非常著名的关于目标对人生影响的跟踪调查，对象是一群智力、学历、环境等条件都差不多的年轻人，调查结果发现：27％的人没有目标，60％的人目标模糊，10％的人有比较清晰的短期目标，3％的人有十分清晰的长期目标。

25年后继续跟踪调查发现，那3％的人25年来几乎都不曾改变自己的人生目标，他们始终朝着同一个方向不懈努力，25年后，他们几乎都成了社会各界成功人士，他们不乏白手创业者、行业领袖、社会精英。那10％的人大都生活在社会的中上层。他们的共同特点是，那些短期目标不断地被实现，生活质量得到稳步上升，他们成为各行各业不可缺少的专业人才，如医生、律师、工程师、高级主管等。而那60％的人几乎都生活在社会的中下层面，他们能安稳地生活与工作，但都没有什么特别的成绩。剩下的27％的人都几乎生活在社会的最底层，他们的生活都过得很不如意，常常失业，靠社会救济，并且常常抱怨他人、抱怨社会。

有位著名的诗人曾说："你是自己命运的主人，是自己灵魂的领航人，要过什么样的人生就全看你自己。"

这些事实说明，一个有明确的目标的人对他的一生有重大的影响。但是在现实中，有很大一部分孩子是没有目标的，他们对未来感到很茫然。初中

毕业后就不知要奔向何方，不知道要做什么。那么，如何帮助这些孩子明确自己的方向呢？

首先，要让孩子明白人生成功的秘诀是："执着＋目标＋机遇＋信念"

可以通过一些生动的哲理故事感染孩子，如：

有个聪明的年轻人，一心想当一个成功者。可是许多年过去了，他却屡屡失败。于是，他决定拜访智者，寻求成功的秘诀。

一是"执着"，智者听完这个年轻人的叙述后说道。为了证明这个论断，他讲了一个发人深省的故事：

有一位父亲要到野猪岭去狩猎，先让三个儿子分头探路。老大走了三天，翻过三座大山，来到一望无际的草地，发现还要过沼泽……便打道回府。老二步行了四天，穿过一片沼泽，被一座大山挡了回去。又过了几天，老三风尘仆仆地回来了，兴奋地报告父亲，到野猪岭只需五天的路。

父亲满意地笑了："孩子，你说得对，其实我早就去过了！"三个儿子不解地望着父亲，父亲郑重地说道："当别人停止前进时，你仍然坚持前进，就会发现——所谓遥远的地方，其实并不遥远。"

年轻人听完故事，暗自琢磨了一会，觉得挺有道理。

二是"目标"，智者又说道。为了证明这个观点，他又接着讲了一个耐人寻味的故事：

父子四人来到野猪岭，父亲问老大说："你看到了什么呢？"老大回答："我看到了猎枪，还有这一望无际的山岭！"父亲摇摇头，又问老二。老二回答："我看到了猎枪、老爸、大哥和小弟，还有山岭！"父亲摇摇头，又问老三。老三回答："我只看到了猎物。"父亲高兴地说："对！生活也是这样，有时你必须注视周围的事物，但更多的时候，你应该知道自己要做什么！"

这个青年人心里琢磨了一阵子，觉得智者讲得也很有道理。

三是"机遇"，智者又说道。为了证明这个观点，他又接着讲了一个充满哲理的故事：

三个儿子出发时，父亲劝他们装上子弹。老大说："打猎的地方还远着呢！"老二说："这么远的路，装上一百发子弹也来得及！"老三默默地装上子弹。就要过沼泽时，看见大群野鸭密密地浮在水面上。此时老三一枪打中两只野鸭，待老大和老二才匆匆忙忙地装上子弹时，野鸭已经飞得无影无踪了。父亲说："你俩失去了唾手可得的猎物，是因为没有抓住眼前的机会，而老三却准备了上好膛的子弹！"

这个年轻人暗自思考一会，觉得这也挺有道理。

四是"信念"智者又说道，接着又讲了一个深入浅出的故事：

父子四人来到山脚下，父亲问他们在干什么。老大说："我在狩猎啊！"老二说："我在等世上最好的猎物！"老三说："我在为五星级宾馆的餐桌上准备最美的野味。"几年之后，老大仍是狩猎者，老二成了富商，老三成了高级管理者！

年轻人一听更加愕然了，不知应该效仿哪个故事，智者大笑道："年轻人，到塔顶上去，你就会明白了。"他来到塔顶，智者说道："往下看！"年轻人鼓足勇气往下望，只见寺塔被四条小径包围着。智者说道："亲爱的孩子，你明白了吧！通向寺塔的道路不止一条，走向成功的道路也是如此！假如你在一条路上碰壁了，就要试试另一条路！记住：'通向成功的路不止这四条啊！'"年轻人顿时醒悟，叩谢智者，下山去了。

其次，要让孩子发现自己的优势

目标，是一种希望，在希望的激发下，人才会不断地追求进步。但是，目标的制订要符合自己的优势，这样才能增强吸引力，才能更大地激励自己奋发向上。所以，目标的制订一定要遵从自己的意愿，要根据自己的兴趣和爱好来制订，要根据自己的实力来制订。而且目标也不一定是一成不变的，它可以随着自己实力的变化而变化，无须过高，也不能过低。有一位高考状元曾说："高一的时候，我只能保证自己上武汉大学；高二时改为人民大学；到了高三，他便把目标锁定为北京大学，并为此奋斗不止。"他说："我喜欢这样的追赶，去追寻遥遥领先的理想，在追赶中，我觉得自己是人生的主人。"

再次，班主任要时刻激励孩子，促使孩子为实现目标而不断努力

激励对每个孩子的成长都很重要，尤其是教师的激励和肯定。教师的激励如一缕阳光照进孩子的心间，给他们带来温暖。孩子在学习的过程中遭遇挫折时，老师的激励尤显重要。要给"后进生"尽可能多的包容，要想方设法让他们反复体验成功的喜悦，积累进步的成果，要不断地挖掘他们的优

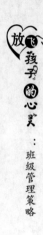
点；要给这些孩子更多的赏识和激励，甚至还应对他们的缺点与错误给予包容和理解。

最后，任何人都应该有目标

没有目标的人，犹如在无际的大海中失去方向的航船，不知身处何方；没有目标的人，犹如广阔草原上奔跑的羊儿，不知去往何方。总之，目标很重要。有时候，一个微不足道的目标，会让孩子鼓起勇气在狭窄的小路上奔跑，会让孩子鼓起斗志在黑暗的街道上走出一片星空。

关注孩子的情感体验

很多班主任为了让班上的孩子获得好的学习成绩，工作非常积极努力，想尽一切办法，但总是效果不佳。这是为什么呢？其实，班主任犯了一个严重的错误——把自己的主观愿望强加给学生，而没考虑学生的心理需要。总认为自己的想法都是对的，把自己放在绝对权威的位置上，忽视了教育对象的情感体验，从而形成了教育者与教育对象之间的情感距离，造成事与愿违的局面。

日本的小林先生是一位很优秀的年轻骨干教师，他从事以科学课为中心的教学研究。有一段时间承担了小学一年级生活课的教学。他决心把那种期待孩子会发生戏剧性变化的教学转变为不间断地、可持续培育地教学。小林老师的班上一开始进展得比较顺利，但接下来发生了一个小危机。有一天，当小林老师去教室时，在走廊里看见一个名叫彻也的孩子，由母亲带来学校，彻也在那里哭闹，怎么也不肯进教室。其他孩子也不知道发生了什么事情，都在围观，场面一时难以处理。"怎么啦？"小林老师走过去问彻也，彻也哭着说："老师和妈妈都是骗子，说学校里很快乐，都是撒谎！还不如在家里打电子游戏好玩！"彻也本是一个快乐向上的孩子，这些话使小林老师感到十分吃惊！一时无言以对，在没有办法的情况下只好对彻也说："学校也许不是一个快乐的地方，但很多同学不都在坚持吗？"这时，在旁边听

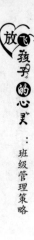

到这话的芳树同学立刻说："是呀，我们也觉得不快乐呀，觉得学校不快乐的同学举手！"这一下，全班学生都大声地呼应"是的"，并举起了手。很多孩子还纷纷说道："学校是个令人讨厌的地方！"……小林老师被这一切深深地震撼了！但为了马上结束这一事态，他掩饰着自己苦涩难过的心情，一边说着"哦，不仅仅是彻也同学一个人有这样的感觉啊！"，一边把彻也带进了教室。

面对"学校不快乐"的呼声，教师似乎感觉无能为力。问题出在哪呢？其实很简单，教师的一切愿望都忽略了孩子的情感体验。

情感体验是指个体对自己情感状态的意识。一般反映为情绪的生理变化，如愤怒时能觉察到心跳加快、肌肉紧张和四肢发颤等许多生理变化。目前，有三种不同的观点可以解释其产生的原因：

（1）詹姆斯·朗格情绪理论认为，情绪就是对生理变化的知觉。

（2）坎农—巴德情绪理论认为，躯体变化和情绪体验是同时产生的。

（3）沙克特的理论认为，有意识的情绪体验是刺激因素、生理因素和认知因素等三个来源信息输入的整合，其中认知因素起着决定作用。

情感是教育的基石，如果离开情感谈教育，倡导"关注人的发展"将成为无本之木。那么，班主任要如何关注孩子的情感体验呢？

首先，要创造让孩子表达情感的机会。只有让孩子充分表达，才能真正了解孩子心中所想、所需。还要给孩子提供合作交流的空间与时间，让孩子在自由、轻松的学习环境中，认真思考，舒展心灵，奔涌思想，深度体验。

其次，要构筑"相互学习的关系"。努力营造一种无论什么时候孩子都能向人求助的人际关系，创造一种能够让孩子安心学习的氛围，让班级变得更融洽。

再次，要尊重孩子的个性差异，理解孩子的独特体验。每个孩子都是一个独特的个体，有自己独特的思想，对学习有着不同的理解，这导致孩子在学习过程中产生不同的体验。教师的任务并不是要求孩子达到一致的理解，形成相同的体验，而是鼓励孩子充分发挥自己的个性，对学习内容形成独特的体验。我们不能用一个模式去塑造和评价所有孩子，不能用一个水平去衡量所有孩子，那是不现实的，也是不可能的。

最后，要培养学生的定力。有这样一个故事：

一弟子在学习射箭，师父告诉他，要学习射箭，先要练好定力。定力怎样练呢？就是摆成射箭的姿势，每天摆上3个小时，等练到纹丝不动时，再教他如何射箭。说弟子练了3年，终于练成。可师父说，他只具备了身体上的定力，要练习射箭，还必须具备心理上的定力。那么，心理上的定力怎样练呢？师父教他站在高高的悬崖上，摆成射箭的姿势，每天摆上3个小时，等练到纹丝不动时，再来教他如何射箭。弟子一练又是3年，最终练成。弟子找到师父，师父说："现在可以教你射箭了。"师父仅教弟子射箭3个月，弟子就能百步穿杨。弟子不解地问："为什么练习定力需要6年，而学习射箭仅需3个月呢？"师父说："不只是射箭，定力是成就一切事情的基础。而学习射箭只是一种技巧，技巧再好，如果没有定力，也难以击中目标。"

通过这个故事，我们懂得了这样一个道理：世上好学的是技巧，难做的是定力。

指导孩子制订合适的学习计划

"**凡**事预则立，不预则废。"做什么事有了计划就容易取得好的结果，反之则不然。计划是实现目标的蓝图。目标不是什么花瓶，你需要制订计划，脚踏实地、有步骤地去实现它。通过计划合理安排时间和任务，使自己达到目标，促使自己实行计划。

学习与生活是千变万化的，它总是引诱你去偷懒。制订学习计划可以促使你按照计划完成任务，并克服途中遇到的困难和干扰。

如何指导孩子制订合适的学习计划呢？

首先，要站在孩子的角度去思考问题

有这样一个故事：

有两个妇人在聊天，其中一个妇人问道："你儿子还好吧？""别提了，真是不幸哦！"另一个妇人叹息道："他实在够可怜，娶个媳妇懒得要命，不烧饭、不扫地、不洗衣服、不带孩子，整天就是睡觉，我儿子还要端早餐到她的床上呢！""那女儿呢？"妇人又问。"那她可就好命了。"妇人满脸笑容："他嫁了一个不错的丈夫，不让她做家务，全部都由先生一手包办——煮饭、洗衣、扫地、带孩子，而且每天早上还端早餐到床上给她吃呢！"

这个故事告诉我们："同样的事情，当我们从不同的角度去看时，就会产生不同的心态。"站在别人的立场看一看，或换个角度想一想，很多事就不一样了。所以，老师指导孩子制订学习计划时，要多分析孩子的实际情况，要把更多地主动权交给孩子，让孩子学会独立思考，自己制订计划，老师只是提供参考建议。

其次，制订计划要做到知己知彼，不贪多，翔实即可

作战讲究"知己知彼，百战不殆"。学习也是一样。要制订出符合自己实际情况的学习计划，必须要"知己"。"知己"包括三层含义：明确奋斗的目标，了解自己的学习情况，知道自己的能力。做到"知己"后，我们就可以制订计划了。计划要"翔实"。"翔实"主要包括以下几层含义：要让自己知道每天具体要干些什么，知道每周、每月的安排等。做到自己心中有数。一定要符合自己的实际情况，适当地提高一些也可以，但绝不可过高或过低。计划的安排应合理、科学，尽量不要浪费时间。

再次，要督促孩子落实计划

实行计划是意志力的体现。坚持实行计划可以磨炼孩子的意志，可以使孩子更有自信心，取得更好的成绩，还有利于其学习习惯的形成。按照计划行事，能使自己的学习、生活变得节奏分明。这样学习时才能安心，玩的时候才能开心。久而久之，这些会形成自觉的行动，成为好的学习习惯。

最后，要让孩子明白计划只是对未来的一种设想

要想取得成功，关键是行动，扎实做好身边的每一件事。下面这个故事可以说明这一点：

从前，有两个年轻人，他们生活在一个贫瘠落后的小山村，但他们都不甘心一辈子待在这儿，都希望有朝一日能够走出小山村，过上城市生活。

其中一个年轻人整天梦想着发大财，比如，把山货卖成黄金价，去人迹罕至的山洞寻找宝藏，等天上掉下一袋钱把自己砸晕……虽然他的想法很多，但总觉得没有一样能够顺利成功，于是他放弃了努力，变得游手好闲起来。

另一个年轻人是个木工，他脚踏实地干着木工活，每天早出晚归，忙忙碌碌。每每看到辛勤劳作的木匠，整日游手好闲的那个年轻人就忍不住讥笑他说："在这个穷乡僻壤的地方，无论你怎么努力，也不会有好结果的。与其自寻烦恼，不如等某个企业家来这儿搞投资，许多穷山村不就被开发成旅

游景点了吗？到时候咱们只管坐着收钱就是了。"

木工说："以后的事以后再说，现在最要紧的是做好该做的每一件事，虽然不一定能赚到大钱，但起码能够养活自己。"

一晃十余年过去了，梦想做大事业的年轻人除了每天做白日梦外，生活几乎没有得到改变。而木工则不同，这些年，他除了做木工活，还利用业余时间学习营销管理。经过多年的积淀，此木工已非彼木工了。

机会总是垂青那些有准备的人。一天，一位城里人路过小山村，发现了正在做木工活的木工。城里人说："以你的手艺，如果去城里开一个家具店，生意一定非常好。"木工不好意思地说："这是个好主意，可是我没钱啊！"城里人哈哈大笑着说："这有何难，我出钱，你出技术，赚到的钱咱们平分。"

就这样，木工来到城里，果然如那个城里人预料的那样，他做出来的家具十分受城里人的欢迎。没过几年，木匠就在城里买了房，安了家，还娶了一个漂亮的城里姑娘，过上了舒适而幸福的生活。而梦想干大事业的年轻人却还在那个贫困的小山村里做着美梦，生活没有得到丝毫改变。

这个故事充分说明，行动就像一个奇妙的分水岭，它将有志者和空想者分隔两地，勤奋、勇敢的人总是迎难而上，而懒惰、懦弱的人总是畏缩不前，于是，他们有了两种截然不同的人生——辉煌的和失意的。

给孩子不同的"待遇"

孔子是一位伟大的教育家，他提倡"因材施教"，并且进行亲身实践。所谓"因材施教"，就是要根据不同对象的具体情况，采用不同的教育方法实施教育。而想要做到这点，首先要了解教育对象的优势、劣势及特点。孔子的弟子很多，但他却下了不少功夫去了解弟子，不仅知其长，而且知其短。所以，他在教育活动中能促进弟子得到全面的发展与提高。

据《列子·仲尼》和《说苑·杂言》记载，有一次弟子子夏陪着孔子说话：闲谈之中，子夏就把平时的疑问说了出来。他很认真地问孔子："夫子，您觉得颜回为人怎么样？"孔子回答说："颜回很不错啊，他在仁义的方面比我还强呢！"子夏接着又问道："那您看子贡怎么样呢？""子贡嘛，他的口才是我赶不上的！"孔子回答说。"那子路怎么样呢？"子夏又问道。孔子淡淡一笑，缓缓地说："子路这人很勇敢啊，这方面我也不如他啊！""那么，子张呢？"子夏问道。孔子回答说："子张在庄重的方面也是胜过我啊！"子夏更困惑了，很诚恳地对孔子说："既然他们都超过了您，那怎么都来向您学习呢？"孔子解释说："颜回是很讲仁义，但不太懂变通；子贡确实有很好的口才，可是又不够谦虚；子路的勇敢是没得说的，但他有时候不懂得退让；子张虽说很注意庄重，但是他有些孤僻，与人合不

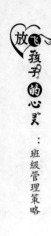
来。他们都有自己的一些长处，但也有自己的短处啊！所以他们都愿意再学习，来提高自己。"子夏豁然开朗。

孔子为弟子解惑时也是因材施教，即使弟子请教的是同一个问题，他也没有标准答案，只是因人而异。

据《论语·颜渊》记载，有一次，颜渊问孔子："什么是仁？"孔子说："克己复礼为仁。"这句话的意思是，克制自己，使自己的言行都符合"礼"的规定，这就是"仁"了。颜渊又进一步问道："老师，怎么才能做到克己复礼呢？"孔子说："非礼勿视，非礼勿听，非礼勿言，非礼勿动。"就是说，不符合礼的东西不要去看，不要去听，不要去说，不要去做。

颜渊是孔子的得意门生，品德好，聪明好学，领会能力强，所以，孔子回答时就告诉他"克己复礼为仁"。强调"仁"就要依礼而行，这是"仁"的根本要求。"仁"是内在的，"礼"是外在的，二者要紧密结合。

弟子仲弓也请教其什么是"仁"，孔子回答他说："出门如见大宾，使民如承大祭。己所不欲，勿施于人。在邦无怨，在家无怨。"意思是说，外出时，要像去见贵宾一样得庄重；役使百姓时，要像承办盛大的典礼一样严肃。自己不想要的东西，就不要强加于别人。在诸侯的国家里当官，没有人怨恨你；在卿大夫家里做事，也不会有人怨恨你。

孔子曾说过："仲弓有雄才大略，性格又仁慈贤德。"因此，孔子就从侍奉君主和管理人民的角度来分析"仁"，指出对待君主和人民要严肃认真，要宽以待人。

孔子的另一名弟子司马牛去请教他什么是"仁"时，孔子却回答说："仁德的人，说话往往是缓慢而谨慎的。"因为司马牛"言多而噪"，所以，孔子对他的回答就强调说话要谨慎。司马牛这才明白，老师强调的是要言行一致，而不是只空谈"仁"。

还有一件事也很有趣，据《论语·先进》记载，孔子的两个弟子，一个叫子路，一个叫冉有，两个人在政治方面都颇有成就。有一次子路问孔子："闻斯行诸？"意思是说听到了好的事情就马上实行吗？孔子回答："不行，有父兄在世，怎么听到了就马上实行呢？"意思是说要考虑家庭情况，看父兄是否同意。然而，当冉有去问这同一个问题时，孔子就很肯定地回答说："听说了就要实行！"

孔子截然相反的回答使得另一个弟子公西华大惑不解，于是就去问孔子。孔子说："求（冉有）也退，故进之；由（子路）也兼人，故退之。"这是说，冉有比较懦弱，所以我就鼓励他，推他走快一点；而子路的个性好胜，所以，我就有意地抑制他，让他缓和一些。

孔子就是根据弟子的个性，在回答问题时有针对性地加以引导的。可见，孔子的"因材施教"是无处不在的。不论他是在看待弟子的优势与劣势上，还是在教学内容、方法上，乃至在回答不同性格的学生的问题时，都能体现出来。

尽管弟子有各种不同的性格、禀赋和才能，但在孔子的教育与引导下，都能得到较好的发展，学有所成。为当时的社会管理、经济发展、道德进步和文化普及，提供了坚实的知识基础和丰富的人才资源。

在一个班级中，孩子的天赋与禀性是各不相同的，兴趣爱好也是不相同的，各学科的优劣也是有差别的。如果按照一个尺子去衡量，按照一个标准去要求孩子，是很难让孩子各尽所能的。所以，班主任要认真分析每个孩子的特点、优劣情况，根据实际情况要给孩子不一样的指导。

"优等生"因为思维能力强，学习成绩突出，可以向他们提出更高的要求，鼓励他们发挥班级榜样的作用，挑战自我，向更高的目标努力。同时，也要防止他们的"负面效应"发生。因为这些"优等生"的学习成绩好，经常受到教师的表扬、领导的重视、同学的拥戴、家人的呵护和亲友的褒奖。而且，正因为这些"优等生"的成绩好，受到很多优待，使他们养成了自高自大、口出狂言、目空一切的不良个性。所以，不能因为成绩方面的优秀而放低对其思想品德、素质修养、行为习惯等方面的要求。在他们表现突出方面可以加以肯定，但也不能忽略其不足之处，在行为表现方面要对其提出更严的要求，不能让他们因思想膨胀而迷失自我。

"后进生"由于行为表现落后、学习能力弱，往往表现得不尽人意。但在他们的内心深处也有一颗上进的心，也想得到老师的肯定和表扬。对于这些孩子，班主任对行为表现异常的孩子不仅要做到纠偏，而且要给他们更多的关爱和鼓励，鼓励他们树立信心并找到有效的学习方法。可以适当降低他们在学习方面的一些要求，给他们创造宽松的竞争环境。我常用的一个方法是：每当单元测试的时候，我总是给"后进生"特殊的待遇，考试的时候，

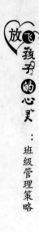

他们可以举手向老师寻求帮助，老师可以单独指点他们；他们感觉考试成绩不理想时，可以提出重考；考前可以寻求单独辅导等。

实践证明，这些孩子的学习积极性特别高，总是为了考出好的成绩愿意向老师寻求帮助。我这样做的原因是保护孩子的自尊心，帮助他们找到自信，让他们找到提升自己的办法，发现自己进步的希望，激发他们对学习的欲望。经过实践，我还发现，这些享受特殊待遇的孩子更愿意亲近老师，对老师的感情更深。

苏霍姆林斯基曾感叹："从我手里经过的学生成千上万，奇怪的是，留给我印象最深的并不是无可挑剔的模范生，而是别具特点、与众不同的孩子。"教育的这种"反差效应"告诉我们，对"后进生"这样一个与众不同的群体，教育者必须正确认识他们，将浓浓的师爱洒向他们，让这些迟开的"花朵"沐浴在阳光雨露中。所以，老师要在"后进生"身上花更多的时间和精力，注入更多的鼓励与关爱。

让孩子竞争起来

现代社会，竞争无时不在，无处不在。对于一个国家，竞争是国家发展的动力；对于一个企业，竞争是企业生存的保证；而对于一个学校，竞争却是提高教学质量的重要手段。所以，在教学工作中，我们要激发孩子学习的竞争意识，提升学习竞争力。

学习的竞争可以分为个体竞争和群体竞争两个类型。所谓个体竞争指的是孩子之间的竞争，而群体竞争指的是小组之间、班级之间，甚至学校之间的竞争。只要恰当处理这些竞争，充分激发孩子学习的竞争意识，那么对于孩子学习的进步，学校教学质量的提高都会起到事半功倍的作用。那么，怎样才能激发孩子学习的竞争意识呢？

首先，要学会给孩子制造危机感

竞争往往是在压力的情况下产生的，在一个班级中，如果优秀的孩子学习从没遭遇过挑战，班上怎么可能有竞争呢？如果这些优秀的孩子没有竞争对手怎么办呢？这时，班主任要有意识地发现和培养优秀孩子的潜在竞争对手，可以在班上适当夸奖其潜在竞争对手的能力，有意识地多次表扬他们，而对优秀孩子的能力则有意识地淡化。通过这样的方式给优秀孩子制造一种危机感和压力，让优秀的孩子感觉到如果不努力，竞争对手将超越他们。为了不让竞争对手超越，他们自然会加倍努力。而潜在的竞争对手由于受到老

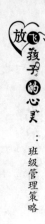

师的鼓励和暗示，对自己的能力更加自信了。为了不辜负老师对自己的期待，他们的学习积极性将被激发出来。

有这样一个故事：

西班牙人爱吃沙丁鱼，但沙丁鱼非常娇贵，极不适应离开大海后的环境。当渔民们把刚捕捞上来的沙丁鱼放入鱼槽运回码头后，过不了多久，沙丁鱼就会死去。而死掉的沙丁鱼不仅味道不好，而且销量也差，倘若到达码头时沙丁鱼还存活着，鱼的卖价就要比死鱼高出若干倍。为了延长沙丁鱼的寿命，渔民想方设法让鱼活着到达码头。后来渔民想出一个方法，将几条沙丁鱼的天敌鲶鱼放在运输容器里。因为鲶鱼是食肉鱼，放进鱼槽后，鲶鱼便会四处游动寻找小鱼吃。为了躲避天敌的吞食，沙丁鱼自然会加速游动，从而保持生命力旺盛。如此一来，沙丁鱼就一条条活蹦乱跳地到达码头。

这在经济学上被称作"鲶鱼效应"。其实对人亦然。一个公司，如果员工长期做一份工作，就缺乏活力与新鲜感，容易产生惰性。尤其是一些老员工，工作时间长了就容易产生厌倦、疲惰、倚老卖老等不良现象，因此，有必要找些外来的"鲶鱼"加入公司，制造一些紧张的气氛。当员工们看见自己的位置多了一些"职业对手"时，便会有种紧迫感，员工自然会努力工作。这样一来，企业自然而然就生机勃勃了。

当压力存在时，为了更好地生存发展下去，惧者必然会比其他人更用功，而越用功，跑得就越快。所以，适当的竞争犹如催化剂，可以最大限度地激发人体内的潜能。

其次，要在班级内灌输竞争的技巧

比如，在别人的身上学习成功的经验，学会把别人的教训变为自己成功的经验，充分发挥自己的优势，尽最大努力克服自己的劣势，等等。尤其要善于随机应变，不要用固有的方法去解决问题。

有这样一个故事：

有一个卖草帽的人，每天都叫卖得十分疲惫。一天，他刚好路过一棵大树，就把草帽放下，坐在树下打起盹来。等他醒来的时候，发现身旁的草帽全都不见了。抬头一看，树上有很多猴子，每只猴子的头上都有一顶草帽。他想到，猴子喜欢模仿人的动作，于是赶紧把自己头上的草帽拿下来，丢在地上，猴子也学着他，将草帽纷纷扔在地上。卖草帽的人高高兴兴地捡起草帽，回家去了。回家后，他把这件奇特的事告诉了自己的儿子和孙子。多年以后，孙子继承了家业。有一天，在他卖草帽的时候也跟爷爷一样，在大树下睡着了。而草帽同样被猴子拿走了。孙子想到爷爷的方法，脱下草帽，丢在地上。可奇怪的是，猴子们竟然没有跟着他做，还直瞪着他看个不停。一会儿，猴王出现了。猴王抓起地上的草帽，说："开什么玩笑，你以为就你有爷爷吗？"

这个故事的感悟是：吸取成功经验固然重要，但更重要的是要与时俱进，不要固化自己的思维。只有比竞争对手成长得更快，才能长盛不衰。

最后，要提倡合作与竞争并存

不能搞恶性竞争，不能因为竞争而影响班级团结，影响整个班级的战斗力。要让孩子明白，确立竞争对象，只是给自己竖一个标杆，寻找前进的动力，而不是找一个敌人。班级同学之间既是竞争关系，也是合作关系，竞争是为了让自己更强大。竞争的眼光可以引导孩子看得更宽、更远。当然，教师要用现代竞争意识教育并引导孩子。竞争，不是以一方胜利、一方失败为目的，真正的竞争是在竞争中实现双赢。达尔文的进化论告诉我们：物竞天择，适者生存。

总之，作为班主任，要想方设法地激发孩子的潜能，让他们在既竞争又合作的环境中获得成长。

理解孩子的发言

倾听孩子的发言和理解孩子的发言是一位教师的基本功，是教学的基础。日本学者佐藤学先生在《静悄悄的革命》一书中明确提出："要倾听学生的发言"。佐藤学先生在书中对倾听的重要意义做了一个精彩的比喻。"倾听学生的发言，好比是在和学生玩棒球投球练习。把学生投过来的球准确地接住，投球的学生即便不对你说什么，他的心情也是很愉快的。学生投得很差的球或投偏了的球如果也能准确地接住，学生就会努力投出更好的球来。"这样投球般的快感应当是教师与学生互动的基础。然而，多数教师只注意自己的想法，并没有去想如何准确地"接住"每个孩子的发言，未能与那些倾心"投球"孩子的想法产生共振。因此，造成教育过程中，孩子的"投球"纷纷落地的现象。有的教师没有接住球还不让孩子去捡，像这样的互动如果持续下去，那些投不好球、投偏球的孩子就会变得讨厌投球，甚至还会讨厌自己。结果，只有那些擅长事先了解教师棒球手套状况的孩子，才会瞄准教师准备好的手套位置并把球投准。

所以，明确掌控教育进程是教师必要的工作。班主任让教室里的"投球"成为愉快的事情是非常重要的。再深说一步，不擅长接球的教师，应当专心、正直地面对孩子，去接住他们的每一个球，重视他们的每一次投球，而不要以为只有按自己的观点去思考问题才是正确的。佐藤学先生的这一番话充分说明了倾听在教育中的意义。这"接球"的过程就是倾听的过程，教师要想方设法去"接住"孩子的发言时，并能与那些倾心"投球"孩子的想法产生共振，与孩子心心相印，从而达到情感的共鸣，这样就能激发孩子学习的积极性和主动性。

其实，班主任在班级管理中，也要学会倾听。不仅要倾听孩子的发言，而且要理解孩子的发言。否则，班主任与孩子之间很难达到心心相印的效果，孩子的学习也很难达到理想的效果。

理解孩子的发言要从两个层面去理解。第一，要听明白孩子讲话的内容。第二，要体味孩子话语中潜在的想法。因为我们在理解话语时并不止于理解其说话内容，人与人之间的交流与计算机传递信息的原理是不同的，如果不能"理解"对方话语中渗入的想法，没有"理解"其话语所表达的意思，不可能产生心领神会的感觉。所以，理解孩子的发言就是要从孩子的发言中感受到他的思维方式，内心想法，从而与孩子的情感产生共鸣，让孩子真正感受到教师对他的重视。

对于"后进生"，他们在与老师的对话中，由于种种原因，总会出现吞吞吐吐、词不达意或慌乱的现象，在他们的内心深处有很多的想法想向老师诉说，但就是表达不出来或不知如何表达。这时，班主任更应该认真倾听、仔细观察他们各种细微的变化，这样才能领会到孩子心中的所需、所想。

还有一些孩子，他们喜欢向老师提出各种问题，甚至质疑。提问和质疑的背后透露出很多的信息。第一，说明他们对某些问题特别感兴趣；第二，说明他们在认真思考；第三，说明他们有独立的想法；第四，对老师的某些做法表示不赞成。如果老师理解了孩子发言的各种信息，就会思考背后的根本原因，采取有效的应对措施，这样才能与孩子进行有效沟通。

所以，班主任应学会做一位善于倾听的教师。不仅要学会倾听孩子发言的内容，而且要理解孩子发言中所包含着的心情、想法，并与之心心相印。

让每个孩子成为交响乐团的演员

一个班级，学生是主体，教师是主导，班主任是师生关系链条中的一个环节。营造一个健康、和谐、优雅的班级，能够促进班风、学风的形成；能够提高孩子的学习成绩；能够使孩子的心灵得到舒展，精神上得到放松；能够健全孩子的人格，使他们健康成长。创造一个合作、和谐、充满活力的班集体，是班主任工作的重要目标。因此，合作与和谐应是一个班级的灵魂。

有这样一个故事：

上帝派新上任的一位使者视察地狱和天堂，使者来到地狱，看见地狱里的人放着一口锅，手里拿着一个一米长的勺子，勺子里有很可口的食物，可是地狱里的人却饿得面黄肌瘦，不成人样！原因就是勺子太长，饥饿的人怎么也不能将食物送到自己的嘴里。于是地狱里的人始终重复"舀食物—够不着食物—洒到地上—然后食物消失"的悲惨生活。

使者又到天堂视察，发现天堂的人也是一口锅在他们的面前，他们各自手里也拿着1米长的勺子，同样也是可口的食物，但是天堂的人却个个容光焕发，神采飞扬！天堂的人互相友好和善，非常快乐、和谐地生活在一起。同样的条件，天堂与地狱的人的结果却天壤之别，因为天堂的人不是将勺子的食物喂给自己，而是几个人彼此喂食物，一米的距离就变成了人与人之间的距离美。

这个故事告诉我们一定要有合作的精神，人们要互帮互助，这样才能使自己周边的环境变得更和谐，工作也会变得更愉快，生活也会变得更美好。班集体也同样如此，只要具有合作精神，班集体才会充满活力，孩子才会有幸福感。

那么，怎样才能构建一个合作、和谐的班级呢？

首先，班主任要充分了解每个孩子的情况，包括他们的个性特征、生活习惯、能力水平、兴趣爱好等。其次，在了解的基础上，要充分发挥他们各自的优势，互相弥补不足之处。要想方设法创造一个相互学习、充分表达的学习环境，鼓励孩子进行相互学习。

美国教师把课堂教学中教师的活动分为两种形式："服装裁剪式"和"交响乐团式"。所谓的"服装裁剪式"就是按照每个人的身体尺寸，量体裁衣地去应对每个孩子的个性，创造性地开设课程。这一点正如中国儒家思想一直提倡的"因材施教"一样，二者有着异曲同工之妙。而"交响乐团式"则是让孩子的各种看法和想法进行相互碰撞激荡，以产生回响共鸣。

音乐中的交响乐团由于各乐器间的配合与协调，声音和谐优美，节奏明快，令人赏心悦目。"交响乐团式"的教育观点也强调孩子的声音相互回响，相互烘托，这样才能起到教育的作用。所以，班主任要鼓励孩子争做"交响乐团的演员"，发挥好自己的作用。要创造一个让所有孩子都能表达想法、意见的环境，要鼓励孩子之间进行大胆主动的交往，让各种思想碰撞出和谐、悦耳的乐章。

有人把"交往"分为四类：单向交往（只有一方讲话的）、双向交往（相互交谈的）、反向交往（被拒绝的）、异向交往（思路各异的）。班主任要鼓励同学之间进行异向交往，要让孩子把各种不一样的想法、意见都表达出来，相互进行思想碰撞；要让孩子之间相互提问和交换问题，共同探讨问题答案；要引导孩子帮助其他同学学习，以提高自己的学习能力。

《学记》云："学然后知不足，教然后知困。知不足，然后能自反也，知困，然后能自强也。"实际意思就是讲，在教授别人的同时，也能促进自己的学习，从而不断提高。大多数教师就是通过这种方式来不断地改进和提高自己的教学能力与教学水平。要引导学习好的孩子向比自己学习差的同学

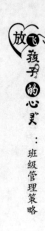

请教，有时"后进生"的解释比"优等生"的解释更容易让人接受，启发更大。这是因为人各有所长，也各有所短。要让孩子注意汲取其他同学学习成功的经验和失败的教训。

总之，教师要充分发挥同学之间互相促进的力量，使他们能更好地开展学习活动。

同学之间相互学习，共同探讨，这比教师直接指导的效果还要好。这是因为同学之间的年龄相近，学习能力与水平相当，面临的学习任务是相同的，在掌握知识的过程中所产生的体验也是类似的，所以在讨论问题时，很容易产生共鸣。而当他们相互辅导或解答对方的疑难问题时，这种解释也因相互了解而变得具体、明确和切合实际，容易被对方接受。这些优势是教师所不具备的，教师在指导孩子学习时，只是从教的角度思考问题，没有站在孩子的立场上来认识问题，因而对孩子的指导也并不一定有效。

同学之间通过互相学习和共同探讨，还能有效激发孩子的学习兴趣。因为每个孩子由于其经历、所受环境、兴趣爱好、活动方式和个性等方面存在的差异，在学习过程中对知识的侧重点和理解水平也存在着差异，从而形成不同的学习风格。几个孩子在一起讨论、研究，往往能互相取长补短，能把各自的学习能力和学习水平提高到一个更高、更新的层次上。不仅如此，这种学习方式在一定程度上还满足了孩子渴求友谊的心理需要，因而能激发孩子的学习兴趣。

与孩子一起面对困难

在成长的历程中，孩子会遇到很多挫折或困难。很多困难需要孩子自己去克服，但父母和老师的陪伴也是必不可少的。

关于"自己爬起来"的故事：

有一位"狠心"的父亲，儿子摔倒了，他从来不扶，而是用一种近乎冷酷的声音命令："爬起来！"儿子出生在腊月初一，正是一年中最冷的季节。春节刚过，也就是他儿子的满月，这位父亲突发奇想，要对儿子进行锻炼。于是在寒冷的冬天，每天晚上，吃完晚饭就抱着儿子上街转一圈，美其名曰："冻一冻，锻炼锻炼。"就这样，一直坚持到春暖花开，从夏天到秋天，再到冬天。到了第二个冬天，他依然拉着儿子温暖的小手上街"冻一冻"。还别说，这一招真见效，他儿子很少感冒。

俗话说："三翻六坐八爬蹉。"意思是小孩子三个月会翻身，六个月会坐，八个月会爬。而他儿子八个月就能自己站起来了，未满十个月就能趔趄着自己走了。

这是一位父亲"狠心"让孩子挨冻的故事。表面看是父亲"狠心"不扶，实际是用暗示、鼓励的方法让孩子独立面对问题，虽然"狠心"观望，但始终与孩子站在一起，共同面对问题，只是扮演着鼓励者的角色。结果是既锻炼了孩子的体质，又训练了孩子面对问题的勇气。

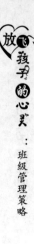

这个故事对班主任的工作也很有启发，当孩子遇到问题时，老师要鼓励孩子独自解决。当然，老师也不要推卸责任，可以与孩子站在一起，共同面对，可以与孩子一起想办法，为孩子出谋划策。但最终要孩子学会自己去解决问题。

我曾经带过一个班级，孩子的年龄普遍偏小，个子偏矮。导致班级体育水平是年级最差的。每次开学校运动会，我只能对他们说："参加即好，不要在乎名次，只要尽力就行；拿不到比赛名次，也要拿到精神文明奖，你们照样是最棒的。"当然，平时的比赛可以这样对待，但中考要考体育，成绩要记入中考总分，这是无法回避的现实。怎样扭转这个劣势呢？

通过班会，大家讨论，各自发表意见，最终大家达成了以下共识：

（1）既然回避不了，就积极面对。

（2）根据自己的情况，确定考试选项，充分发挥自己的优势。

（3）勤能补拙，克服心理惰性，勤奋练习。

（4）最大限度地利用好时间，包括寒、暑假的时间。

（5）认真分析考试要求，用技巧提高成绩。

根据这些要求，号召全班同学紧急行动起来，互相竞赛，看谁先达到训练要求。每次训练时，我都要仔细观察他们的训练方式，发现问题后，帮他们想办法，纠正他们的错误做法，一次次的分析总结，一次次的寒、暑假训练汇报，直到中考体育考完，他们的班级满分率是年级最高的，创造了奇迹，只有少数几个孩子的成绩不理想，其他孩子都非常满意。

为什么能创造这么好的成绩呢？仔细想想，不难发现，三年来，老师的鼓励、陪伴、指点、分析起了重要的作用，给了他们强大的动力，促使他们不放弃，一直战斗到最后，才取得了好成绩。

由此可见，出现困难不可怕，老师与孩子共同面对困难很重要。

培养孩子的学习能力

有人说："学习力就是核心竞争力。"现代社会，高科技的发展瞬息万变，作为一个生存于瞬息万变时代下的个体，学习是生存的基本技能。学习有两个目的：一是学习专业知识，也就是我们在学校里、在工作中学习、领悟到的东西，目的是形成自己的专业知识，有能力养活自己；二是形成自己的人生观、价值观，这需要老师的教育、自己的领悟、跟有思想的人进行学习沟通，这让我们在生活中与人交流相处变得更容易，也形成自己的人格。

孔子把学习过程划分为"学、思、习、行"四个阶段。

孔子在谈到"学"的时候，特别强调要做到博学。他在《中论·治学》中说："君子博学于文，约之以礼，亦可以弗畔矣夫。"意思是说君子博学六艺之文，再用礼来约束自己，也就可以做到不违背道理了。孔子认为，要达到博学，就必须做到多见、多听。

孔子不仅强调博学，而且重视思考，把"学"与"思"相提并论。他在《论语·为政》中说："弗学何以行？弗思何以得？小人勉之。"他还在《论语·宪问》说："学而不思则罔，思而不学则殆。"通过思考，求得融会贯通，才可以举一反三。

孔子所说的"习"，有温习、练习、实习的意思。他不仅重视学，而且

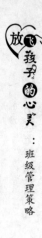

重视习，主张"学而时习之"。孔子把"习"看作是掌握知识的一个重要环节，通过"习"可以加深对所学知识的理解和巩固，用孔子的话说，"温故而知新"。

孔子更重视"笃行"，主张学以致用。他在《论语·里仁》说："君子欲讷于言而敏于行。"意思是说君子出言不妨迟缓些，而行动则要敏捷。孔子认为，大言不惭的人，要做到言行一致是很困难的。他在《荀·儒效》说："其言之不怍，则为之也难。"孔子平时对其弟子的褒贬，多以能否做到躬行实践为标准。如对颜回"能安贫乐道，虽箪食瓢饮，居陋巷，但仍不改其乐"连连予以称赞。而对宰予昼寝，言过其行，孔子把他比作"朽木""粪土之墙"。

孔子主张"言行一致、学以致用"是对的，当然，我们可以看出他所说的"行"并不是我们现在所讲的实践，至于行为规范则更带着很明显的时代特性，这就需要我们自己的思辨了，犹如王阳明龙场之悟道："圣人之道，吾性自足，向之求理于事物者误也。"

孔子关于学习阶段划分的主张为后人所接受，并进一步得到发挥。在《中庸》中，子思把学习过程分为：博学、审问、慎思、明辨、笃行五个阶段。强调做学问必须做到"学、问、思、辨、行"，并坚持不懈。别人用一分或十分力气能达到的，自己要用百分或千分的力气，如果能这样做，则"愚者能变智，弱者能变强"。

由此可见，孩子的学习要做到"学、问、思、辨、行"，并坚持不懈，这样孩子才能具备核心竞争力。但孩子不可能与生俱来就知晓这些道理，需要老师进行引导，班主任的引导工作尤为重要。

首先，班主任要让孩子有学习的动力

要展现班主任的魅力，在知识上、思想上、情感上引导孩子，以有效激发孩子的学习动力。

精神的力量是无穷的，可以有效激发人的潜能，一位班主任的专业技能、人格魅力以及与孩子交流等都可以激发孩子的学习动力。

班主任要综合运用各种现代技术手段，丰富教学形式，同时开创新的教学方式，激发孩子的学习兴趣，增强孩子的学习动力。

班主任要利用班级管理的智慧，做孩子的朋友，和孩子平等相处，和孩子"交心"；可以引用名人成功的故事，帮助孩子建立自信；做智慧的引领者，启发孩子思考，让孩子动脑、动手、动口，体会学习的乐趣，摘取成功的果实。

其次，班主任要教孩子学习的能力，即"学会学习"

《学记》中说："善学者，师逸而功倍，又从而慵之；不善学者师勤而功半，又从而怨之。""学会学习比学会知识更重要"。教会孩子学习，培养孩子的创新精神和实践能力是班主任艰巨的任务。培养孩子掌握科学的学习方法是会学的要求。这个方法就是学法，是指一个人获取知识，形成技巧、技能，发展能力的过程中所采取的方式。

第一，要做到主动学习：不需他人督促，就能主动学习，一旦开始学习就能立刻进入状态，充分利用学习的每一分钟。要集中自己的注意力在学习上，并能坚持下来。

第二，要端正学习态度：对待学习认真负责、积极努力、不敷衍了事。孩子的学习态度端正与否，决定着孩子学习成绩与学习效果的优劣。学习态度端正的孩子能够按时上学、上课、不逃学、不旷课、不早退、不迟到、遵守课堂纪律、不随便说话、专心听讲、积极思考和回答问题，能够按时完成作业、认真复习、考试不作弊，等等。

第三，要做到高效学习：要在规定的时间完成规定的学习任务。把每个规定的学习时间分成若干个时间段，根据学习内容，为每个时间段制订具体的学习任务，并要求自己必须在一个时间段内完成一个具体的学习任务。在此期间，减少乃至避免学习时走神或注意力不集中的情况，有效地提高学习效率。

第四，要做到多思善问。"多思"就是认真思考知识要点、思路、方法、知识间的联系、与生活实际的联系等，并形成体系。"善问"不仅要多问自己为什么，还要虚心向老师、同学及他人询问，这样才能提升自己的能力。而且，还要在学习的过程中，发现问题、研究问题，有所创造并敢于合理质疑已有的结论、说法，在尊重科学的前提下，敢于挑战权威，要做到绝不轻易放过任何一个问题。要知道"最愚蠢的问题是不问问题"，应该养成向别人请教的习惯。

最后，要鼓励孩子博学

随着孩子获取信息来源的多样化，教师作为孩子学习的促进者，要用多元智能的理论调动孩子学习的积极性，激发孩子的学习兴趣和动机，帮助孩子获取、鉴别并利用各种信息解决各种问题，促进孩子的全面、充分、和谐的发展。

总之，教师作为孩子学习的促进者，要想做到使孩子好学、不厌学，就要想方设法把孩子的学习积极性调动起来，为孩子营造好学的氛围，激发孩子的学习兴趣，变"要我学"为"我要学""我爱学""我好学"。

向失去信心的孩子说"你行"

在一个班上，总会有一些孩子的学习能力较弱，在一次次的学习竞争中，长期处于劣势，经常品尝失败的滋味。经历一次次的失败之后，他们的信心遭受了严重的打击。于是，他们开始自我怀疑、自我否定，甚至自我放弃。对于这些孩子，班主任该怎么做呢？办法就一个：不断地对这些学生说"你行"。这就是著名的"皮格马利翁效应"。

有一个美丽的古希腊神话故事：

塞浦路斯的国王皮格马利翁是一位著名的雕塑家。他精心地用象牙雕塑了一位美丽可爱的少女。并且深深爱上了这个"少女"，并给他取名叫盖拉蒂。他还给盖拉蒂穿上美丽的长袍，并且拥抱它、亲吻它，他真诚地期望自己的爱能被"少女"接受。但它始终是一尊雕像。皮格马利翁感到很绝望，他不愿意再受这种单相思的煎熬，于是，他就带着丰盛的祭品来到阿弗洛蒂代的神殿向她求助，他祈求女神能赐给他一位如盖拉蒂一样优雅、美丽的妻子。他的真诚期望感动了阿弗洛蒂代女神，女神决定帮他。皮格马利翁回到家后，径直走到雕像旁，凝视着它。这时，雕像发生了变化，它的脸颊慢慢地呈现出血色，它的眼睛开始释放光芒，它的嘴唇缓缓张开，露出了甜蜜的微笑。盖拉蒂向皮格马利翁走来，她用充满爱意的眼光看着他，浑身散发出温柔的气息。不久，盖拉蒂开始说话了。皮格马利翁惊呆了，一句话也说不

出来。后来，皮格马利翁的雕塑成了他的妻子。

人们从皮格马利翁的故事中总结出了"皮格马利翁效应"：期望和赞美能产生奇迹。但是对这一效应做出经典证明并使它广泛运用的是美国心理学家罗森塔尔和他的助手们，因此，"皮格马利翁效应"又称"罗森塔尔效应"。它表明："每一个人都有可能成功，但是能不能成功，取决于周围的人能不能像对待成功人士那样爱他、期望他、教育他。"

这就是暗示的力量。"马利翁效应"的名言有："说你行，你就行，不行也行；说你不行，就不行，行也不行。""当你有了天才的感觉，你就会成为天才；当你有了英雄的感觉，你就会成为英雄。""鼓励与赞美能使白痴变天才，批评与谩骂会使天才变白痴。""不要用怀疑的态度对待孩子的承诺，更不要讽刺、挖苦。"

"皮格马利翁效应"提醒我们："自尊心和自信心是人的精神支柱，是成功的先决条件。"所以，不管是家长、老师、管理者，还是其他人，都要切记：不要视别人的自尊心、自信心为儿戏，因为要想让一个人重建自信要比破坏一个人的自信心要难上很多倍。

在卡耐基很小的时候，他的母亲就去世了。在他9岁的时候，父亲又娶了一个继母。继母刚进家门的那天，父亲指着卡耐基向她介绍说："以后你要提防他，他可是全镇公认最坏的孩子，说不定哪天你就会被这个倒霉蛋害得头疼不已。"

卡耐基本来就不打算接受这个继母，在他心中，一直觉得继母这个名词会给他带来霉运。但继母的举动却出乎卡耐基的意料，她微笑着走到卡耐基面前，摸着卡耐基的头，然后笑着责怪丈夫："你怎么能这么说呢？你看，他怎么会是全镇最坏的孩子呢？他应该是全镇最聪明、最快乐的孩子才对。"

继母的话深深地打动了卡耐基，从来没有人对他说过这种话啊，即使母亲在世时也没有。就凭着继母这一句话，他和继母开始建立友谊。也就是这一句话，成为激励他的动力，使他日后创造了28项黄金法则，帮助千千万万的普通人走上成功和致富的道路。可是，在继母来到他家之前没有人称赞过他聪明。

最残酷的伤害莫过于对自尊心和自信心的伤害。不论你的孩子现在多么

"差"，你都要多加鼓励，最大限度地为他扬起信念的风帆。这样，你的孩子一定会步入成功的殿堂，像卡耐基一样。

在《孩子，我并不完美，我只是真实的我》这本书里，著名的心理学家杰丝·雷尔评论说："称赞对温暖人类的灵魂而言，就像阳光一样，没有它，我们就无法成长开花。但是我们大多数的人只是躲避别人的冷言冷语，而我们自己却吝惜把赞许的温暖给予别人。"

卡耐基说过："当我们想改变别人的时候，为什么不用赞美代替责备呢？纵然他只有一点点进步，我们也应该赞美他，只有这样才能激励别人，不断地改进自己。"如果你想改变别人，为什么不用表扬和鼓励的方法呢？

由此可见，班主任要学会赞美孩子，尤其是赞美"后进生"。

第一，班主任要及时赞美孩子。教师要有敏锐的洞察力，善于从各个角度看问题，从细微处看出孩子的优点，及时准确地给予其表扬。只要孩子表现出良好的行为，教师就对其及时鼓励并强化，久而久之，孩子就会养成持久的、良好的行为习惯。教学中，有的孩子的作业进步了，教师写上"你进步了！""你今天的作业真棒！""今天你的字写得很漂亮！""老师希望每次都看到你这么认真的作业！"……，类似这样的评语，会产生无穷的魅力，使孩子的作业一次比一次写得好。

第二，班主任要学会赞美孩子独特的个性。由于个性的差异，每个孩子的行为表现、看问题的视角、思考问题的方式都会具有独特性，这些方面更值得老师去赞美。这样才能培养孩子的创新能力，这是对孩子自信心最大的支持。你给孩子一句赞美，孩子可能给你一个惊喜。

总之，赞美是一种教育的艺术。赞美是春风，让人温暖和感动；赞美是激励，能充分体现孩子心中美好的憧憬和理想。教师既要学会欣赏孩子，又要具备赞美的技巧。教师对孩子的赞美必须是由衷的、得体的，要因人、因事、因场合而异。有时，通过教师的一个眼神、微笑、鼓掌、拍孩子的肩膀等行为，就能使孩子感到一种温馨和激动，让他们心领神会，回味无穷。所以，学着去赞美孩子吧，那样，你将更快乐，孩子也会变得越来越棒！

鼓励孩子超越自己，但不追求十全十美

人无完人，人生总有不完美的地方。如果用十全十美作为自己的目标，只能徒增烦恼。所以，班主任不能要求孩子去追求完美，但可以鼓励孩子超越自我。孩子在面对升学压力时，用一颗平常心去面对才会取得成功。反而那些追求尽善尽美的孩子往往不尽如人意。在历届中考中，可以发现一个有趣的现象，年级中考得不错的往往是平时不被看好的孩子，这就是所谓的"黑马"。反而平时被大家看好的孩子达不到大家的期望。这是为什么呢？有一个实验可以说明问题。

心理学家艾略特·阿伦森曾做过这样一个试验，他把四段情节类似的访谈录像分别给他准备要测试的对象播放：

在第一段录像中，接受主持人访谈的是一位非常优秀的成功人士，他在自己从事的领域里取得了辉煌的成就。在接受主持人采访时，他的态度非常自然，谈吐不俗，表现得非常有自信，没有一点羞涩的表情。他精彩的表现不时地赢得台下观众的阵阵掌声。

第二段录像中，接受主持人访谈的也是一位非常优秀的成功人士，不过他在台上的表现有些羞涩，在主持人向观众介绍他所取得的成就时，他表现得非常紧张，竟把桌上的咖啡杯碰倒了，咖啡还将主持人的裤子淋湿了。

第三段录像中，接受主持人访谈的是一个非常普通的人，他不像上面两位成功人士那样有着不俗的成绩，整个采访过程中，他虽然不太紧张，但也没有什么吸引人的发言，一点也不出彩。

第四段录像中，接受主持人访谈的也是一个很普通的人，在采访的过程中，他表现得非常紧张，和第二段录像中一样，他也把身边的咖啡杯弄倒了，淋湿了主持人的衣服。当教授向他的测试对象放完这四段录像，让他们从上面的这四个人中选出一位他们最喜欢的，选出一位他们最不喜欢的。

结果，最不受测试者们喜欢的当然是第四段录像中的那位先生了，几乎所有的被测试者都选择了他，可奇怪的是，测试者们最喜欢的不是第一段录像中的那位成功人士，而是第二段录像中打翻了咖啡杯的那一位，有95%的测试者选择了他。

这个实验就是心理学里著名的"出丑效应"，又叫"仰巴脚效应"。就是对于那些取得过突出成就的人来说，一些微小的失误，比如，打翻咖啡杯这样的细节，不仅不会影响人们对他的好感，相反，还会让人们从心里感应到他很真诚，值得信任。如果一个人表现得完美无缺，我们从外面看不到他的任何缺点，反而会让人觉得不够真实，恰恰会降低他在别人心目中的信任度，因为一个人不可能是没有任何的缺点，尽管别人不知道，他心里对自己的缺点也可能是心知肚明的。

俗话说"金无足赤，人无完人"，人都难免出丑犯错。当某些人表现得完美无缺时，一般人就会感到他不够真实，难以亲近。和完美的人在一起，普通人往往因为己不如人而感到惴惴不安。这样失衡的人际关系是难以保持的，因为它很可能导致一方生活在自卑和压抑之中。由此，被认为杰出或优秀的人会偶尔出丑，不但不会影响他的人际吸引力，反而会让他更具人格魅力！

但值得提出的是，"出丑效应"并不是让人故意出丑来哗众取宠，而是倡导人不要过分追求完美，在不慎犯错的时候能够用一颗平常心接纳自己。

"完美"二字，写起来容易，说起来容易，就是做起来难。就现代社会而言，像美神维纳斯的雕像就是断臂的。古往今来，有许许多多的雕刻家想把这雕像还原，但总是觉得还是没有原来的美观。即使这座雕像"断臂"，却受到一代又一代的人追捧。也许对那座雕像而言，"断臂"就是它的完美。就今而论，人人都渴望完美，人人都追求完美。没说这是不好的，但把

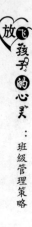
完美立为自己的目标未必是一件好事。但要知道完美这种境界，能达到的人寥寥无几，而真正的完美主义者又有几个？即使在自己的领域中也许是完美的，但从不同的角度而言，也会有瑕疵。

其实，有时完美不是一个过程，而是一个结果，所以，没有必要为了一个完美的结果而太过担忧。其实与其追求一个无畏的结果，倒不如在过程中有所追求。有些事情不必太在意结果，不用强迫自己做得完美，在做一件事情时，懂得在过程中去完善它很重要。虽然同是追求，但追求的东西不同。追求过程做得完美，即使结果并没有达到完美的境界，却让你能领略到其中的完美，何乐而不为呢？

"出丑效应"对班主任的工作有很大的启示：班主任工作时，要有一颗平常心，不要太追求完美。就算有点小遗憾（如班级评比没获奖，班主任工作评比没评优），也不需要太放在心上。因为它不能完全否定班主任的付出和能力，也不会影响班主任在孩子心中的形象，不会影响班主任对孩子展现的魅力。班主任真有人格魅力，自然就不会影响班主任人格的吸引力。

在教师与孩子之间平等、民主关系的形成过程中，教师自身的人格吸引力是一种特殊的影响因素。通过观察发现，在其他条件基本相同的情况下，如果一位教师的能力越强，孩子对其越有信任感，也越喜欢这位教师。

孩子认为教师能力强、教得好，自己就会"学得好"，进而产生教师与孩子之间思想一致化的效果。这一点直接影响着孩子的心理，因为"孩子都有一种要使自己走向正确道路的需要"。但是，决定人际吸引的更多因素是人的情感。

当能力强的教师偶尔出现错误时，如写字的错误、记忆的不准确以及行为上有偏差等，往往会让孩子在情感上产生奇妙的变化，即会感到教师更富有人格魅力，进而能够促进教育中平等与和谐的人际关系。这种现象称为"出丑效应"。

但是，"出丑效应"并不是在每一位教师身上都能发生，只是能力强的教师才有可能出现这种现象。所以，教师要提高自己人格的吸引力，要提高班级的管理能力和教学能力，并力图达到较高的水平。这时，不管"出丑效应"是否发生，教师都能树立起高大的形象。

"出丑效应"对孩子的学习也有很大的启示：孩子在学习的过程中，把追求完美的结果变为追求完美的过程，在这一过程中脚踏实地地付出努力，并能够全力以赴。这样，其心理上就不会有过大的压力，会以一种平常心的心态投入到学习中，这样，才能调整到最佳学习状态，才能做到排除干扰、心无旁骛，就能达到最佳学习效果，进而产生"黑马"。

第四章
做家长的解惑人

4

学会获取家长的信任

近年来，家校矛盾事件频发。总有家长因不同意老师的教育方式到学校"兴师问罪"。有当面质疑老师的，也有背后投诉老师的，更有甚者，还会冲击校长室和扰乱教学秩序，有向学校提出各种无理要求的。

归根结底，就是家长与老师之间失去了信任。

信任具有强大的力量，它能给你带来友谊、爱情和成功的机会！一个人只有被他人充分理解、信任后，才能最大限度地发挥自己的能力，甚至会创造奇迹。有多少人信任你，就拥有多少次成功的机会。

1835年，摩根先生成为一家名叫"伊特纳火灾"小保险公司的股东，因为这家公司不用马上拿出现金，只需在股东名册上签上名字就可成为股东。这正符合当时摩根先生没有现金却想获得收益的情况。

很快，有一家在"伊特纳火灾"保险公司投保的客户发生了火灾。按照规定，如果完全付清赔偿金，保险公司就会破产。股东们一个个惊慌失措，纷纷要求退股。

摩根先生斟酌再三，认为自己的信誉比金钱更重要，他四处筹款并卖掉自己的住房，低价收购了所有要求退股的股份。然后，他将赔偿金如数付给投保的客户。一时间，"伊特纳火灾"保险公司声名鹊起。

已经身无分文的摩根先生成为保险公司的所有者，但保险公司已经濒临破产。无奈中他打出广告，凡是再到"伊特纳火灾"保险公司投保的客户，保险金一律加倍收取。

不料，客户很快蜂拥而至。原来在很多人的心目中，"伊特纳火灾"保险公司是最讲信誉的保险公司，这一点使它比许多有名的大保险公司更受欢迎。"伊特纳火灾"保险公司从此崛起。

许多年后，摩根主宰了美国华尔街的"金融帝国"。而当年的摩根先生，正是他的祖父，是美国亿万富翁摩根家族的创始人。

成就摩根家族的不仅是一场火灾，而是比金钱更有价值的信誉。还有什么比让别人信任你更宝贵的呢？

信任的基础是什么呢？是相互对人品的了解与欣赏。是人与人之间无法用金钱来衡量的友情。

公元前4世纪，在意大利，有一个名叫皮斯阿司的年轻人冒犯了国王。皮斯阿司被判绞刑，在某个法定的日子行刑。皮斯阿司是一个孝子，在临死之前，他希望能与远在千里之外的母亲见最后一面，以表达他对母亲的歉意，因为他不能为母亲养老送终了。他的这一要求被告知了国王。国王感其诚孝，决定让皮斯阿司回家与母亲相见，但条件是皮斯阿司必须找到一个人来替他坐牢，否则他的这一愿望只能是镜中花、水中月。这是一个看似简单，其实不可能实现的条件。有谁肯冒着被杀头的危险替别人坐牢，这岂不是自寻死路。但茫茫人海，就有人不怕死，而且真的愿意替别人坐牢，他就是皮斯阿司的朋友达蒙。

达蒙住进牢房以后，皮斯阿司回家与母亲诀别。人们都静静地看着事态的发展。日子如水，皮斯阿司一去不回头。眼看刑期在即，皮斯阿司也没有回来的迹象。人们一时间议论纷纷，都说达蒙上了皮斯阿司的当。行刑日是个雨天，当达蒙被押赴刑场之时，围观的人都在嘲笑他的愚蠢，幸灾乐祸的人大有人在。但刑车上的达蒙，不但面无惧色，反而有一种慷慨赴死的豪情。

追魂炮被点燃了，绞索也已经挂在达蒙的脖子上。胆小的人吓得紧闭了双眼，他们在内心深处为达蒙感到深深地惋惜，并痛恨那个出卖朋友的小人皮斯阿司。但就在这千钧一发之际，皮斯阿司冒雨飞奔而来，他高喊着：

"我回来了！我回来了！"

这真正是世间最感人的一幕。大多数的人都以为自己在做梦，但事实不容置疑。这个消息宛如长了翅膀，很快便传到国王的耳中。国王闻听此事，也以为这是痴人说梦。国王亲自赶到刑场，他要亲眼看一看自己优秀的子民。最终，国王万分喜悦地为皮斯阿司松了绑，并亲口赦免了他的罪行。

以上故事充分说明了在人与人的交往中，信任是多么的重要。班主任在与家长的交往中，相互信任也是至关重要的。那么，班主任要如何才能获取家长的信任呢？

首先，老师要用教育智慧和学识获取家长的信任

老师在与家长的沟通中，要让家长感觉老师具有深厚的教育根底，具有丰富的教育经验，对孩子的教育方法是科学、合理的，是有利于孩子的身心健康成长的；要让家长感觉老师在分析孩子的问题上比家长更深刻，更合情合理；要让家长感觉老师的教育胜过家长的教育，孩子在老师的教育下能享受到适合孩子健康发展的教育，其学识、品格都能得到成长，家长可以百分百放心。

其次，老师要用真情获取家长的信任

要让家长感觉到老师对孩子浓浓的爱意，一切从有利于孩子成长的角度去思考问题。所有的想法和做法都是为了孩子健康成长，老师是用心在与家长交流。

最后，要学会换位思考，站在家长和孩子的角度去思考问题

对待孩子的问题要能理解家长、孩子的处境和难处，学会宽容。从多个角度去思考问题，与家长达成共识。

有这样一个案例：

有一天晚上，一位已经毕业的学生家长打电话给我，向我诉说，孩子升入高一后，遇到了一件非常棘手的事情。她的同桌是一个具有暴力、自残倾向的孩子，老师曾经在她同桌的书包里发现十多把小刀，平时手臂上也是刀痕累累，就是这样一个具有严重心理问题的孩子，就喜欢和她做朋友。在不知情的情况下，她俩相处相安无事。但了解实情后，这个孩子感到十分恐惧，不知如何应对，总是每天纠结要不要继续和她坐在一起？要不要继续和她做朋友？和她做朋友有没有危险？一段时间下来，给她造成了严重的心理

压力，进而导致精神恍惚，无心学习，成绩也因此一落千丈。

　　该家长焦虑万分，说什么孩子都听不进去。最后家长想到了我，在家长的心中，只有我才能帮她解决问题。因为孩子曾经非常崇拜我、佩服我，觉得让我去开导她应该可以解决问题。于是，家长把孩子带到我家里。我告诉她："这是一件很平常的事，没什么大不了的，很容易解决的。"当然，这是我的策略，目的是淡化这件事的严重性，给她一个心理暗示，缓解她心理的紧张感。接下来，我对她进行了详细的分析，用充足的理由来说明这件事为什么很平常，给她讲了很多曾经发生的类似事情，介绍以前别人是怎么处理的，从中学习一些好的经验。

　　然后，我教给她一些应对的方法，目的是解决她的心理问题，消除她心中的忧虑。经过长时间的谈话，她终于释然了。那种恐惧感逐渐消除，心中的担心也放下了。当然，事后我和她学校的老师还采取了一些相应的措施，减少了她们在一起的机会，彻底解决了她心理恐惧的问题。经过一段时间的平复，她逐渐恢复了往日的平静。

　　现在回想起来，就是信任在她的心里起了很重要的作用。

提醒家长不能溺爱孩子

对于每位家长来说，爱自己的孩子是人之常情。爱，可以；但溺爱，不行。

我们班上曾经有一个女孩，她的爸爸常年出差在外，妈妈是一个全职太太，所有的工作就是照顾孩子。妈妈非常疼爱自己的孩子，对孩子的生活起居照顾得无微不至，直到孩子读初中，像洗头、洗澡等力所能及的事情还是妈妈一手操办。平时，只要是孩子提的要求，妈妈基本都满足她。渐渐地，这个孩子的生活自理能力全无，也变得任性，早晨起床很困难。开始，妈妈哄一哄还有点作用，虽然每天都迟到，但在妈妈的软磨硬泡下还能坚持上课。但好景不长，到了初二下学期，这个孩子开始缺课了，不论妈妈怎么劝说都没用，每天赖在床上不起。妈妈没办法，只好向老师请假，谎称她生病来不了学校。但问题还在恶化，妈妈哭着求这个孩子都没用。时间长了，次数多了，妈妈知道纸包不住火，只好向老师坦白了一切。

由此可见，溺爱孩子带来多么严重的后果！溺爱不是对孩子的关爱，而是对孩子莫大的伤害。

溺爱会让孩子变得自私自利。过度溺爱的孩子，由于长期被父母的溺爱包围，根本不知道为人着想、将心比心，不会站在他人的角度考虑问题，一切以自我为中心，自私又自利。

溺爱可以让孩子的性格变得骄横。由于父母的让步与满足其一切要求，包括很多无理要求，其骨子里就养成自己是"老大"的思想，认为父母要听他的，不懂让步，不懂宽容，更受不了委屈，其性格骄横、目中无人，行为专横。

溺爱会让孩子做事懒散无纪律。被溺爱的孩子谁也管不了，衣食住行都由父母代办，什么事也不想做，日益变得懒散，偶尔做一点事也是丢三落四，更没有纪律性。觉得自己可以不听别人的，别人却必须听他的，这样将来在社会上势必难于立足。

溺爱会让孩子不懂礼节、目无长辈。由于父母的溺爱，对于孩子的一些不良行为和不礼貌行为也没有阻止，孩子根本不知道什么是礼貌，目无长辈，口无遮拦，更没有基本的礼节，因为他根本不知道礼节、礼貌为何物。

溺爱可以让孩子懦弱，不能经受困难。长期生活在父母的呵护、溺爱下，从小不知道什么是困难，因为一切有父母代为解决。日后，一旦遇到困难就会手足无措，难成大器，经受不了任何困难，就像温室里的花朵，一旦离开温室就会被暴风雨摧毁。

所以，班主任与家长交往时，要明确地向家长表明：家长不要溺爱孩子，否则将自食苦果。那么，家长要如何做，才能做到不溺爱孩子呢？

第一，不要给孩子特殊待遇。如果什么时候都给孩子特殊照顾，有什么好东西都给孩子留着，会让孩子感觉自己在家的地位高人一等，这样的孩子就会自感特殊，习惯于高高在上，变得自私，没有同情心，不关心他人。

第二，不要过分注意孩子。很多家庭都习惯以孩子为中心，家里的事物安排都围绕着孩子，当亲戚好友来访，也常常围着孩子并陪他玩。对孩子过于注意，孩子便会恃宠而骄。因此，他会觉得自己是家里的中心，而且人人都喜欢自己。

第三，不要对孩子有求必应。对孩子的要求要慎重考虑，不能孩子要什么就给什么。容易满足的孩子必然养成不珍惜物品、讲究物质生活、浪费金钱和不体贴他人的坏毛病，并且毫无忍耐力和吃苦精神。

第四，不包办、代替孩子。很多父母担心孩子做不好事情，于是任何事情都代替孩子做，结果导致孩子三四岁了还要父母喂饭、穿衣，五六岁了还不会做简单的家务。这样，孩子不会变得勤劳、善良，也缺少同情心和

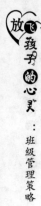

上进心。

第五，不要过分保护孩子。其实，孩子并不是天生就胆小的，往往是父母对孩子过分地担忧而导致的。如果父母在确保孩子安全的情况下，少一些担忧，多一些鼓励，在摔跤后不大惊小怪，而是让孩子自己爬起来，孩子就不会变得懦弱、胆怯了。

第六，不当面袒护孩子。很多时候，孩子在外面和别的小朋友有了争执，总是有父母偏向、保护自己的孩子，而不管孩子是否有错。时间长了，孩子就把袒护他的人当成自己的"保护伞"，结果不仅使孩子的性格变得扭曲，是非观混淆，甚至还影响家庭的和睦。

总之，望子成龙虽然是每位家长的心愿，但是，一切由家长全权代劳，甚至对孩子有求必应，这对孩子的成长和未来很不利。所以，我们对孩子要"爱"而不"溺"。

引导家长向孩子传递正能量

临近中考，突然接到一位家长的电话。在电话中，明显感觉到这位家长很着急，好像遇到了很严重的问题。她提出要来学校找我，我同意了，因为不同意很显然她是不愿意的。她来到我的办公室，情绪很慌乱，焦虑不安。见面就急切地问我，孩子在学校的学习情况怎样？有没有与同学发生不愉快的事情？为了摸清情况，我反过来问她：孩子有什么不对劲的地方吗？经她急急忙忙地描述，我大概明白了事情的原委？原来，在这段时间，孩子回家后不愿与她说话，问孩子的学习情况，孩子也不愿意说，独自一个人在自己的房间里学习。这下把她急坏了，孩子的学习情况完全脱离她的监管状态。她左思右想，感觉孩子学习一定出问题了，马上就要中考了，把她急得寝食难安。了解情况后，我微笑着对她说："您不要着急，情况没像您想象得那样糟糕，孩子在学校学习很努力！"为了打消她的疑虑，我打开教室的监控让她观察孩子上课的状态，并将前几天的上课记录回放给她看。她喃喃自语道："怎么在家里的表现那么令人不放心呢？"

于是，我开始帮她一起分析这个现象的原因。我知道她有唠叨的习惯，于是我问他，这段时间有没有在孩子面前唠叨呢？

因为唠叨，曾经一段时间她们母子的关系搞得很僵，我对她进行过指导。告诉她，"孩子长大了，要给孩子独立的空间，要多尊重孩子的意见，

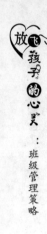
不要把自己的主观想法强加给孩子，否则，青春期的孩子会叛逆的。过多的担心孩子会适得其反。"

看来这次是"老毛病"又犯了。于是，我开始慢慢地开导家长，"现在临近中考是关键时刻，家长要做好榜样，要淡定，情绪要稳定，不能在孩子面前表现出担心、着急、慌乱，要有大将风度。不能把不好的情绪传递给学生。孩子回家不愿跟你谈学习，主要是怕跟你说他，你又给他施加更多的压力。而且，孩子很明显感觉到你帮不了他什么，所以选择不跟你谈。既然如此，您默默地观察、支持他就行，本来母子关系不是特别好，不说比说的效果好。只要用你坚定、开朗的态度向他传递你对他有足够的信心即可。"

这个案例中的这个孩子的情感是很敏感的，而且很脆弱。从进初一开始，学习不好就使他很焦虑，也会把焦虑写在脸上，老师一看就知道他有问题。其他孩子平时跟他开玩笑，他很容易就哭了，这种现象发生过很多次。为什么会有这些现象呢？这跟他妈妈有很大关系，他妈妈是一个遇事就慌的人。平时对孩子管得太多，于是担心也就越多。不停地在孩子面前唠叨，以至于造成母子关系紧张、不和谐的状况。这些不良情绪逐渐传递给了孩子。所以，这个孩子很敏感、很脆弱。

这充分说明不良情绪是可以感染的。虽然，父母爱子心切是可以理解的，但这些不良的做法，带来的负面影响很大。所以，班主任要引导家长多向孩子传递"正能量"。

"正能量"指的是一种健康乐观、积极向上的动力和情感。我们为所有积极的、健康的、催人奋进的、给人力量的、充满希望的人和事贴上"正能量"的标签。它已经上升为一个充满象征意义的符号，与我们的情感相联系，表达着我们的渴望和期待。

"正能量"有两种功能：一是作用自身、直接释放，这种"正能量"可以助人于困顿、救人于危难；二是作用他人、间接释放，这种"正能量"会随着积极信号的传播而传递，并成为推动社会发展的积极能量。

蕴含在每个人身上的"正能量"构成了社会的"正能量"。这种能量既体现了良性社会共同的价值观，又体现了社会发展的最终方向。推进社会主义核心价值体系，树立和践行社会主义荣辱观，我们需要这样的"正能量"，需要将这种"正能量"放大。如此，我们每个人都能成为推动社会发展的一分有生力量，也能成为社会发展的受益者。

这里我们所讲的家长要向孩子传递的"正能量"指的是情绪、情感等精神层面的"正能量"。

家长向孩子传递"正能量"，就是要向孩子传递阳光的生活态度，宽以待人的处事原则，积极向上的进取精神，勇于克服困难的坚定决心。通过家长的榜样示范、言传身教来向孩子传递这些积极的信号。在家长积极态度的影响下，孩子也用同样的态度和方法来面对学习和生活。这就是"正能量"的作用。

但是，当今社会，作为上有老、下有小的家长，在内、外方面的压力都是很大的，也不可避免地受到焦虑、不安、烦躁情绪的影响。在外面，这些情绪不能对同事、上司发泄，也不好让朋友充当自己的"垃圾桶"，很多人将这个情绪带到家庭生活中。也许，这不是本意，当这种不良情绪在家庭出现时，孩子就会承接这种不良情绪。

如何杜绝这种不良现象的发生呢？班主任的提醒是一个方面，重要的是家长自身要提升修养，加强学习；家长要站在有利于孩子成长的角度去思考，冷静地处理工作和家庭上的事情，自己不必背负太多，不要在孩子面前释放这些不良的情绪。

无为家长，有为孩子

《无为家长　有为孩子》一书的作者周军宝认为："很多家长在教育孩子的过程中，不是做得太少，而是做得太多。"家长教育孩子的目的是让孩子今后能够独立成长，既有所为，又有所不为，既引导、教育孩子，又能让孩子学会独立思考。增强孩子的独立能力，才是成功的教育。所以，作者把自己的教育思想称为"无为教育"。周军宝认为："教育要以人为本，也就是要尊重人性，满足人性的需求。"就是要按照尊重、理解、引导、放手、朋友五项基本原则去满足孩子的三大需求：安全需求、快乐需求、发展需求。

安全感是儿童生存的基本需求。有安全感的孩子情绪稳定，性格坚定、平和，遇事不会惊慌失措，能较好地融入与同学的交往中，能现实、理智地处理在生活中遇到的难题；缺乏安全感的孩子表现为情绪波动大、胆小怕事、社会回避、自闭、性格孤僻、承受挫折的能力弱等倾向。现实中，家长给孩子安全感了吗？其实，家长本身就缺乏安全感。家长对孩子无事不管、无事不做。有人将家长管孩子太多归纳成八个现象：

第一，总是关心孩子该吃什么。许多父母怕孩子营养不良，影响身体发育，影响智力水平；又怕孩子吃了不健康的食物对身体不利。于是成了饭桌上的"控制狂"——孩子要吃什么，不能吃什么，家长全权负责。

第二，与孩子的穿着"较劲"。有些父母过于苛求孩子的穿着，总是让孩子按照他们的意愿去穿着打扮。

第三，干涉孩子做家庭作业。处处帮助孩子完成家庭作业，什么科目都要辅导孩子。

第四，与孩子的老师争论分数。每当孩子拿到不理想的成绩单回家时，父母就要介入，并与老师理论。

第五，教孩子如何比赛。观看孩子比赛时，喜欢在旁边指手画脚。

第六，不放心孩子独立生活，频繁打电话或发短信给在学校的孩子。

第七，要求孩子详细汇报白天的情况。每天向孩子询问白天的情况，成为"地方检察官"。

第八，暗中搜查孩子的隐私。对孩子不信任，对孩子采取搜查、监视的形式。

由此可见，不是孩子缺乏安全感，而是家长严重缺失安全感。家长本身就缺少安全感，怎么可能带给孩子安全感呢？孩子缺乏安全感，又怎能满足快乐和发展需求呢？所以，有为的家长教育出来的孩子是无为的。"管"得太多，只能适得其反。

美国著名作家马克·吐温在教堂听牧师演讲。最初，他觉得牧师讲得感人肺腑，准备多捐点钱；过了10分钟，牧师还没有讲完，他变得不耐烦了，决定只捐点零钱；又过了10分钟，牧师还是没有讲完，于是他决定一分钱也不捐。等到牧师终于结束了演讲，开始向听众募捐时，马克·吐温由于气愤，不仅不捐钱，还从盘子里拿走了两元钱。

这就是心理学上的"超限效应"。如果外来的刺激过多、过强或作用时间过久，就会使人感到不耐烦，甚至会产生逆反心理。这也是家长越管，孩子成绩反而越一般的原因。

我曾经遇到过这样一个孩子，她胆小怯弱，从不敢与老师亲近，课堂上从不敢主动回答问题，点名回答也是声音很小。家长都是社交能力很强的成功人士，为什么会出现这种情况呢？我心里很纳闷。一次家长会让我完全明白了一切，她妈妈带着她到我的办公室向我了解学习情况，一上来，她妈妈就开始滔滔不绝地讲起来，我和她女儿完全插不上话，只能在一旁静静地听着。好不容易有机会对她说："让孩子谈谈自己的想法吧。"可是，孩子还

没说上几句，又被她剥夺了"话语权"。就这样，我们眼巴巴地欣赏着她精彩绝伦的演讲。持续半个小时以后，她终于演讲完毕。接下来，我也向她谈了一些个人观点和建议，但每当我讲述不同观点时，她总要用她的观点予以反驳。这种情况下，我知道现场与她辩论是毫无意义的。最后，我决定放弃与她进行现场探讨，微笑着拿了一本关于如何教育孩子的书给她，让她回家抽时间看看，并郑重地告诉她，这本书对她如何教育孩子有帮助。

班主任遇到这样的家长是司空见惯的事情。很多家长自认为学富五车、见多识广，在家可以全方位地教育孩子，到学校可以全方位地指导老师开展工作。但往往这些家长的孩子问题很多。所以，作为班主任，遇到这种情况，一定要巧妙地让家长明白，除了把孩子当孩子以外，还应学会把孩子当自己，学会换位思考，"己所不欲，勿施于人"；还要学会把自己当自己，要与孩子划清界限，不要把孩子当作自己的附属品，不要代替、包办孩子的事情，家长要注重培养孩子的独立意识。

随着年龄的增长，孩子的独立意识越来越强，他们觉得自己长大了，对外界事物有了独特的看法和认识。但由于年龄、阅历、知识等因素的制约，孩子看待问题比较片面，还没有形成全面认识自我和事件的能力，一些看起来很"成熟"的孩子，其实内心还是很幼稚的。但是不管怎样，孩子都渴望有成熟的想法，都希望自己能独当一面，能为自己的事情做主。这时，家长需要做的就是要尊重孩子的独立意识，不能粗暴地干涉孩子，一定要谨记：无为家长，有为孩子。

避免正面争辩

由于每个人的学识不同、环境不同、经历不同、接触的事物不同，因而形成的思维不同、习惯不同、性格不同、观念也不同，因此，对待事物的态度不同、角度不同，认识和分析问题的深度也不同，观点不同就很习以为常了。班主任与家长在分析孩子的学习问题上，因为看问题的角度不同，往往出现意见不统一的现象。对于这种情况，有些班主任喜欢展示自己能说善辩的优势，试图说服家长接受自己的观点和建议。但往往搞得双方不欢而散，就算家长表面接受，但口服心不服，造成家校之间的不和谐。

其实，与家长争辩是不明智的做法。有这样一个故事：

第二次世界大战刚结束的一天晚上，卡尔在伦敦受到了一个极有价值的教训。有一天晚上，卡尔参加一次宴会。宴席中，坐在卡尔右边的一位先生讲了一段笑话，并引用了一句话，意思是"谋事在人，成事在天"。

他说那句话出自《圣经》，但他错了。卡尔知道正确的出处，且一点疑问也没有。

为了表现出优越感，卡尔很讨嫌地纠正他。那人立刻反唇相讥："什么？出自莎士比亚的作品？不可能，绝对不可能！那句话出自《圣经》。"他自信确定如此！

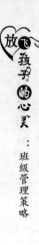
那位先生坐在右首，卡尔的老朋友弗兰克·格蒙坐在他左首，他研究莎士比亚的著作已有多年。于是，他们俩都同意向弗兰克·格蒙请教。弗兰克·格蒙听了，在桌下踢了卡尔一下，然后说："卡尔，这位先生没说错，《圣经》里有这句话。"

那晚回家路上，卡尔对弗兰克·格蒙说："格蒙，你明明知道那句话出自莎士比亚的著作。"

"是的，当然，"他回答，"《哈姆雷特》第五幕第二场。可是亲爱的卡尔，我们是宴会上的客人，为什么要证明他错了？那样会使他喜欢你吗？为什么不给他留点面子？他并没问你的意见啊！他不需要你的意见，为什么要跟他抬杠？应该永远避免跟人家发生正面冲突。"

"永远避免跟人家发生正面冲突"，说这句话的人已经辞世了，但卡尔受到的这个教训仍铭记于心。那是卡尔最深刻的教训，因为卡尔是个积重难返的"杠子头"。小时候，他和哥哥对天底下任何事物都抬杠。进入大学，卡尔又选修《逻辑学》和《辩论术》，也经常参加辩论赛。从那以后，卡尔听过、看过、参加过数千次的争论。这一切的结果，使他得到一个结论：天底下只有一种能在争论中获胜的方式，那就是避免争论。避免争论，就像你避免响尾蛇和地震那样。

争论的结果十之八九会使双方比以前更相信自己绝对正确。你赢不了争论。如果输了，当然你就输了；即使赢了，但实际上你还是输了。为什么呢？如果你的胜利使对方的论点被攻击得千疮百孔，证明他一无是处，那又能怎么样？你会觉得洋洋自得；但他呢？他会变得自惭形秽，你伤了他的自尊，他会怨恨你的胜利。而且一个人即使口服，但心里未必服。

其实，真正的推销精神不是争论，最不露痕迹的争论也要不得。人的意愿是不会因为争论而改变的。

有位爱尔兰人名叫欧·哈里，他受的教育不多，可是爱抬杠。他当过人家的汽车司机，后来因为推销卡车不成功而来求助经理。经理听了几个简单的问题，就发现他老是跟顾客争辩。如果对方挑剔他的车子，他立刻会涨红脸大声强辩。欧·哈里承认，他在口头上赢得了不少的辩论，但并没能赢得顾客。他后来对经理说："在走出人家的办公室时，我总是对自己说，我总算整了那混蛋一次。我的确整了他一次，可是我什么都没能卖给他。"

经理的第一个难题不在于怎样教欧·哈里说话，经理着手要做的是训练他如何自控，以避免口角。

欧·哈里现在是纽约怀德汽车公司的明星推销员。他是怎么成功的？这是他的推销策略——"如果我现在走进顾客的办公室，而对方说：'什么？怀德卡车？不好！你要送我我都不要，我要的是何赛的卡车。'我会说：'老兄，何赛的卡车的确不错，买他们的卡车绝对错不了，何赛的车是优良产品。'"

"这样他就无话可说了，没有抬杠的余地。如果他说何赛的车子最好，我说没错，他只有住嘴了。他总不能在我同意他的看法后，还说一下午的'何赛车子最好'。我们接着不再谈何赛，而我就开始介绍怀德的优点。"

"当年若是听到他那种话，我早就气得脸一阵红、一阵白了——我就会挑何赛的错，而我越挑剔别的车子不好，对方就越说它好。争辩越激烈，对方就越喜欢我竞争对手的产品。"

"现在回忆起来，真不知道过去是怎么干推销的！以往我花了不少时间在抬杠上，现在我守口如瓶了，果然有效。"

正如明智的本杰明·富兰克林所说的："如果你老是抬杠、反驳，也许能暂时获胜，但那只是空洞的胜利，因为你永远得不到对方的好感。"

因此，你自己要衡量一下，你是宁愿要一种表面上的胜利，还是要别人对你的好感？

你可能有理，但想要在争论中改变别人的主意，那一切都是徒劳。

所以，聪明的班主任面对家长的不同意见，总是会微笑对待，会给对方空间、回旋的余地。刚接任初一的班主任都会遇到这样一个问题，所有家长都认为自己的孩子是最棒的。因为孩子在小学时都是优秀学生。一到初中，有些孩子不能再像小学那样优秀了，于是家长就会找班主任了解情况、分析问题。但班主任和家长眼中的孩子往往是不一样的，这样就有了认识上的偏差。如果此时班主任一味地强调自己的观点，试图说服家长，势必会引起家长的不快，为今后的沟通留下阴影。

遇到这样的情况，我一般都会与家长说："您的心情我完全可以理解，先别急，继续鼓励孩子努力，您先多观察孩子是怎么学习的，您也可以与孩子一起参与到学习中，这样就能找到孩子学习问题上的根源。"在家长与孩

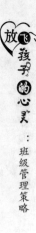
子的亲密接触中，自然会发现孩子存在的真正问题。就会发现想象中的学习与现实中的学习是不一样，家长认为简单的，在孩子那里未必简单。小学的学习方法在初中未必管用，小学的思维方式未必能应对初中的学习内容。所以，完全不需要老师对家长进行解说。

　　除此以外，还可以利用恰当的机会从侧面进行分析。例如，利用召开家长会的机会，可以把小学的学习内容、学习要求、学习方法与初中的进行对比，让家长明白各种情况都发生了变化，要学会与时俱进，转变学习方法和思维方式，这样才能做到不掉队。而且孩子的学习能力不同，所以学习效果不一样也是正常的，我们要学会坦然面对。

学会"和稀泥"

常言道：牙齿与嘴唇之间总会有磕碰的时候。在一个班级中有几十个孩子在一起学习、生活，难免有不愉快的事情发生，当孩子发生冲突时，班主任应该怎样处理呢？

处理冲突的方法有很多，例如，事前加强思想教育，提升孩子的思想认识，改善孩子的个人修养；事中及时制止，让当事人情绪冷静下来；事后在全班进行警戒教育等。其中，班主任让冲突双方冷静下来至关重要。

故事一：

德国军队向来以纪律严明著称。在一本德国老兵的回忆录中发现，他们有一条耐人寻味的军规：一名士兵可以检举同伴的错误，被检举人有权反驳。但如果长官发现检举和反驳的士兵曾在近期发生过冲突，那么两人都会受罚。发生过冲突的人至少要等一周，等情绪完全冷静下来后，才可以告对方的状。

故事二：

毕业后的一个雨天，吉纳教授的一名学生回系里探望吉纳教授，正赶上另一名学生有急事要找教授，吉纳教授让他在外面的小客厅等一会儿，小客厅和吉纳的办公室只隔了一道薄薄的装饰墙，屋里的对话不时地传进他的耳朵。那名学生非常激动。

原来，其他实验室的一名研究生出言不逊，当众讽刺他的理论过时、见解平庸，令他大为恼火。他不知道是该直接找那名学生理论个明白，还是应该找对方的教授评理，他这次来，就是要征求吉纳教授的意见。

"年轻人，"吉纳教授慢条斯理地说："有时候，别人的言行是很难理解的。如果你不介意，我给你一个小建议。批评和侮辱，跟泥巴没什么两样，你看我大衣上的泥点，就是今早过马路时溅上的。如果我当时立即抹去，一定会搞得一团糟，所以我把大衣挂到一边，专心干别的事，等泥巴晾干了再去处理它，就非常容易了。瞧，轻轻掸几下就没事了。"好恰当的比喻！老教授处世的智慧令人叹服。

那名学生也顿时醒悟，连连道谢，吉纳教授最后说："我年轻时不善于控制情绪，深受其害。慢慢地，我发现，最好的办法是，先把让我恼火的事搁在一边，晾一会儿，等我冷静下来后，再去面对它们。如果你现在就去质问他，你会更生气，矛盾会更严重。我建议等你情绪的水分都蒸发掉了，再来想这件事。到那时，如果你还打算讨伐他，请来找我，不过晾干水分后，你会发现那泥点也淡得找不到了！"

以上两个事例说明，让孩子冷静下来是处理冲突的最佳方法。孩子冷静下来后，老师要学会在学生间"和稀泥"。"和稀泥"并不是没原则，而是一种策略，也是考验班主任的一种能力。"和稀泥"就是要当事人各自站在对方的角度思考问题，不要只考虑自己的感受，多想想对方的感受；不要认死理，要让孩子明白，情绪激动的时候，认为很大的事情，冷静之后再想想，其实也不算什么。

放弃也是争取的一种策略

社会的高度发展，使人们对生活的要求也越来越高，对精神、文化世界的追求也越来越高。这种要求还延续到对下一代的学业要求上。尤其在独生子女的家庭，那种望子成龙、望女成凤的要求尤为强烈。自己在事业上的成就感，延续成希望孩子将来能创造出更大的成就。

于是，家长对子女期望过高成了家庭教育的通病。其突出表现是：刚读一年级，渴望拿双百；到了中年级，孩子虽然已尽最大努力，成绩也不俗，但父母仍不满意，非名列前茅才满意。假期、周末，甚至平时的晚上为孩子请家庭教师，孩子唯一的朋友就是课本；逼着孩子练就一种独特而精良的技艺，不管其有无音乐、绘画的天赋，学书、作文的兴趣，统统赶进各种儿童智力开发班。家长也会为精力和金钱的投资而倾其所有、在所不惜。由此，我们经常发现在业余培训班，家长听课比孩子更认真，为的是回家还得兼任辅导老师；孩子的琴声同家长恼怒的呵斥声和孩子委屈的哭泣声组成嘈杂刺耳的交响乐飞入周围邻居家。只要没考满分，就会打电话给老师，咨询原因，焦虑之情、担忧之心溢于言表。长此以往，真是害人又害己。

每位父母望子成龙的殷切希望无可厚非。但是这种过于苛刻的要求、过于迫切的希望会成为孩子的负担，严重影响孩子的身心健康，甚至可能造成家庭悲剧。很多孩子因为不能完成大人所设定的目标，产生"破罐子破摔"

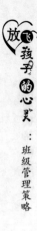
的思想。每次完成家长的目标，都得不到家长的认可。久而久之，使孩子产生自卑的心理，让孩子觉得干好、干坏都一样，都得不到认可，还不如不干。这也就是那些要求过高的父母的孩子总是自卑，甚至自暴自弃的原因。

对于这样的家长，班主任要及时对其进行劝导，纠正他们错误的想法。要让他们明白，适当放弃也是一种策略。

在印度的热带丛林里，人们用一种奇特的方法捕捉猴子：在一个固定的小木盒里装上猴子爱吃的果子，盒子上开一个小口，刚好猴子的前爪能伸进去，猴子一旦抓住坚果，爪子就抽不出来了。人们常常用这种方法捉到猴子，因为猴子有一种习性，那就是不肯放下已经到手的东西。

人们总会嘲笑猴子的愚蠢：为什么不松开爪子放下坚果逃命？但审视一下自己就会发现，并不是只有猴子才会犯这样的错误。

因为放不下到手的职务、待遇，有些人整天东奔西跑，耽误了更远大的前途；因为放不下诱人的钱财，有人费尽心思，利用各种手段去挣钱，结果常常作茧自缚；因为放不下对权力的占有欲，有些人热衷于溜须拍马、行贿受赂，丢掉人格和尊严，一旦事情败露，追悔莫及……

生命之舟载不动太多的物欲和虚荣，要想使之在抵达彼岸的过程中不会搁浅或沉没，就必须轻载，只带需要的东西，把那些应该放下的"坚果"果断地放下。

心里想要的太多，心理压力越大；手里抓得越多，就越负重难行；越什么都想要，就越容易陷入死胡同，自找麻烦；越贪图享受，越缺乏远行的能力。

一个城市附近的一个湖上游着几只天鹅，许多人专程开车来欣赏天鹅的翩翩姿态。"天鹅是候鸟，冬天应该向南迁徙才对，为什么这几只天鹅却终年定居北方，甚至从未见它们飞翔呢？"有人这样问湖边垂钓的老人。"道理很简单，只要我们不断地喂它们好吃的东西，等到它们长肥了，自然无法起飞，而不得不待在这里。"老人淡淡地说。

所以，要想远行，就要学会放弃。家长对孩子没那么多、那么高的要求，孩子才能轻装上阵，充分施展他们的才能。

情商比智商更重要

许多家长非常关心孩子的成长，但目光都聚焦在孩子的学习成绩上。如果孩子学习成绩好，家长则引以为豪；反之，家长则会背上沉重的思想包袱。对孩子的心理状态、情绪变化却视而不见，对孩子认识自身情绪、认知他人情绪、管理情绪的能力不重视；对孩子自我激励、人际关系的管理能力不重视。也就是说只关注孩子的学习成绩，却忽视对孩子情商的培养。其实，关注孩子的情商比关注学习（智商）更重要。

什么是情商呢？情商是由自我意识、控制情绪、自我激励、认知他人情绪等五种特征构成的相互关系。

有些人以为情商高就是不发脾气，但情商不只是不发脾气而已。

情商（Emotional Quotient）通常是指情绪指数，简称EQ，主要是指人在情绪、意志、耐受挫折等方面的能力，其包括导商（Leading Quotient），简称LQ。人与人之间的情商并无明显的先天差别，更多与后天的培养息息相关。

一、情商不高的人往往会有下列表现

第一，控制力差、固执任性，说话做事不考虑别人的感受，其行为不受情绪的控制，也不会考虑别人的感受。

第二，不能接受批评，听不得反驳的话。喜欢被别人"顺着"，同时也不接受别人给出的意见，否则不是哭就是闹。

第三，独立性差，过度依赖他人，没有自我。家里人对孩子过分的宠溺，什么事情都替孩子安排好、做好，孩子就会变得过于依赖，孩子遇到事情就会退缩，而不会自己动手解决，孩子的动手能力就弱。

第四，控制不住自己的情绪，气急败坏，歇斯底里。当遇到什么困难时，情绪低落；当遇到不顺心的事情时，爱乱发脾气，爱找人乱发泄情绪；当与人发生争执时，容易冲动，甚至发生暴力事件；当被别人拒绝时，感觉是"世界末日"。

第五，总爱抱怨，负面情绪多。表现为："看什么都不顺眼""凡事都找客观原因""态度消极、怨天尤人""感觉眼里没有高兴的事，总是抱怨周围的一切都与她作对"……遇到挑战，他们会说："我真的不会，干不了"；遇到挫折，他们会说："都怪那个谁谁谁"；遭遇失败时，他们会大发感慨："我早说过自己不行，你偏不信，这下子彻底'砸锅'了。"

总之，低情商的人，人际关系较差，自我意识差；无确定的目标，也不打算付诸实践；严重依赖他人，处理人际关系能力差，应对焦虑能力差；生活无序，无责任感，爱抱怨。

二、高情商的人都有什么样的特点呢

第一，高情商的人能够自己管理好情绪，能够让情绪适时、适度地表现出来。高情商的人做事情都很有意义，当事情发生后，他们不会埋怨别人，也不会指责别人。

第二，高情商的人心胸宽广，不会为了一点小事斤斤计较，他们善于管理自己的情绪，并且对自己的情绪进行调节和控制；能够让自己始终保持快乐的情绪，不让不好的情绪影响工作和学习。

第三，高情商的人善于掌握谈话的技巧，非常会与人交流。高情商的人目光长远，不会停留在一些短暂的利益上。高情商的人适应环境的能力很强，在社会上很受欢迎。

第四，高情商的人，做事有自觉性和主动性，当他们决定做一件事的时候，在没有完成之前，他们绝对不会放弃，他们做任何事情都目的明确，并且表现得对这件事很感兴趣。

第五，高情商的人在与人交往的时候，总是想方设法地记住对方的名字，让对方感到很亲切，使别人愿意和他们接近，并且愿意成为他们的朋友，他们通常会给人一种可以信赖的感觉。通常有很多人愿意和高情商的人做朋友。

第六，高情商的人在和别人谈话的时候，不是自己夸夸其谈，而是喜欢聆听别人的谈话，给人留下一种尊重的感觉。高情商的人非常有责任心，他们在做事后，敢于承担责任。

总之，情商高的人会激励自己，情商高的人比较容易成功。在遭遇挫折、陷入低潮的时候，他会提醒自己要面对，要站起来，未来还大有可为，还会变得更好。情商高的人也会激励他人，他会赞美周围的人，他会肯定家人、同事、朋友。别人与他在一起会有一种重要感。情商高的人常常面带笑容，充满热忱。

在应试教育的压力下，很多家长都只注重对孩子智力的培养，忽略了对孩子情商的训练，导致孩子厌学、学习独立性差、任性、自私等。

近几年，孩子因学业压力、与父母无法沟通等问题而选择离家出走、自杀的现象。这些现象都是孩子情商低造成的。

有这样一个案例：

媛媛是个有点多愁善感的女孩，从小到大有一个非常要好的女同学珊珊，两人学习上齐头并进，每天上学、放学结伴同行，关系像姐妹一样亲密。眼看还有三个月就要中考了，珊珊告诉媛媛，她要到姑姑所在的城市读高中，是爸爸安排好的。媛媛一下子不知所措，好友已经融入她的学习、生活，这下心里像少了什么似的。回到家，媛媛偷偷地哭了一场，红红的眼睛被妈妈发现了。了解情况后，妈妈淡淡地说："傻孩子，我当是什么事呢，快考试了，你应该把注意力放在学习上，无关紧要的事情不要多想。"可是，心智并不成熟的媛媛感到了没有人理解的失落，复习功课时难以集中注意力，惶惶地熬过了临考前关键的三个月。

中考结束后，媛媛本来有实力考上重点高中，却因为精神状态不佳导致发挥失常，榜上无名。因此，媛媛遭到了父母的责怪，精神更加低迷。她觉得父母只关注自己的学习，却不关心自己的喜怒哀乐；她觉得自己让父母失望，不愿与父母亲近，心底深深地怀念起了解她的好友——珊珊。

此案例中的女孩之所以对好朋友表现出过度的留恋，主要是因为父母只关注孩子的学习，而不关心孩子内心的情感变化。

由此可见，家长不能只关心孩子的学习（智商），还应该多关注孩子的情商。要明白，一个人成功与否取决于他的情商，而不是智商。

三、家长应该如何培养孩子的情商呢

第一，家长要以身作则。家长是孩子心中的榜样，孩子是家长的一面镜子，孩子的很多行为都是模仿家长，所以，家长的榜样作用对提升孩子的情商至关重要，用自己的行为去引导孩子向好的方向发展。

第二，帮助孩子辨别情绪。了解孩子不开心、不高兴、哭闹的原因，学会让孩子去表达是什么原因让自己不开心，然后告诉孩子不开心、不高兴、发脾气是不能解决问题的，再教孩子如何缓解自己的情绪。

第三，帮助孩子学会沟通与交流。沟通与交流是一种技巧，需要学习。高情商的人善于沟通，善于交流，且能够坦诚相对，真诚有礼。他能分清场合，不乱说话，不乱开玩笑，说话时能做到给人留余地。对于熟悉、亲切且亲密的人会保持尊重和耐心。

第四，引导孩子懂得赞美别人。高情商的人善于赞美别人，人都是需要被鼓励的。看到别人优点的人，才会进步得更快，总是挑别人缺点的人会故步自封，反而会止步不前。

第五，指导孩子学会包容和理解。心有多大，眼界有多大，你的舞台就有多大。高情商的人不斤斤计较，有一颗包容和理解的心。没有完全相同的两个人，适合你的并不一定也适合其他人，在怒火攻心的时候要学会忍耐，尽量少说话或不说话，以免伤人自尊。

第六，开导孩子保持好的心态。当你把"好心态"划分在要学会"奢侈品"行列中，就真的危险了。说教别人容易，调整自己却不易，其实很多时候，糟糕的并不是事情本身，而是看问题的心态。

第七，告诫孩子不抱怨、不批评。俗话说："人非圣贤，孰能无过？"不仅要为自己考虑，更要站在别人的角度看问题。事出有因，不要轻易说出自认为不疼不痒的批判，因为事情没发生在你身上。把负面情绪全部发泄在亲人身上是最愚蠢的行为。